AF619987

IO L'HO INCONTRATO COSI'...

DANIELA STRACCAMORE

Lulu Press

3101 Hillsborough St.

Raleigh, NC 27607 | U.S.A.

ISBN: 978-1-291-66384-6

Info: www.irdaedizioni.com

Ordini:

www.amazon.com

www.amazon.it

www.lulu.com

Copertina: realizzata da Cristian Verdesca

Direttore editoriale: Francesco Luca Santo

IO L'HO INCONTRATO COSI'....

Cari amici...

ci sono momenti bui nella vita di ognuno di noi, momenti sereni, momenti in cui ci interroghiamo e non siamo in grado di dare risposte. Nel bagagliaio abbiamo riposto dei sogni, delle ambizioni, delle sconfitte. Nulla che ci possa dare tutto, niente il tutto che abbiamo avuto. Be', oggi io posso dire che nel mio niente, ho tanto, ho cercato di fare e ottenere in quel che credevo! A volte mi incavolo con me stessa, me ne dico talmente tante... qui su facebook, ci sono dal settembre 2010. Erano dieci anni che avevo messo da parte la scrittura, non scrivevo più e non ero più capace di farlo. La mia mente era come atrofizzata nello scrivere, non è che avevo del tutto abbandonato, semplicemente un lungo periodo inattivo. Una conoscenza casuale qui su facebook, mi diede l'imput di ricominciare, i sogni da sempre aiutano a vivere. Nel frattempo ero morta come scrittrice, come poeta, come scrivana...ciò che condividevo all'inizio, erano solo ed esclusivamente cose scritte nel passato. Qualche anno prima ricordo, parlando con un sacerdote di questa mia oramai inaridita passione, mi consigliò di ricominciare a farlo. Ricominciare? Cosa scrivo gli dissi, io non ho più niente da scrivere, lui candidamente mi rispose "Scrivi una lettera a Dio, una lettera d'amore a Gesù". Per poco non mi venne un colpo, questo è pazzo pensai, completamente scemo e fuori di sé. Dio? Mi sembrava una cosa al di fuori di ogni logica...Poi iniziai a scrivere qualche cosa per

L'Inchiesta, nei meandri della memoria riemerse un casolare abbandonato con tanto di cavalli al pascolo. Così scrissi il mio primo articolo sulla Villa Comunale di Frosinone, più che un articolo, direi una favola fatta di ricordi. Ecco, oggi ho deciso di dare seguito al consiglio di quel sacerdote. Ho intenzione di dare voce e penna, a molti i quali nel cammino della propria vita, hanno avuto un dono, il dono della conversione. Molti dicono che sono credenti anche se non praticanti...ci sarebbe molto da dire in merito a questo...
Sono assolutamente convinta, che quando ci si avvicina molto al Signore, a Gesù, non siamo stati noi a scegliere Lui, ma è stato Lui a sceglier noi. Aspetto le vostre storie di conversione, vera conversione. Cosa, dove, quando, in che modo è avvenuto il tuo incontro con Lui. Verrà poi il tutto stampato su di un libro, un libro di storie vere per portare la tua testimonianza a chi ignora completamente la sua esistenza....

Daniela Straccamore

Traduzione in Spagnolo

Queridos amigos... queridos

hay momentos oscuros en la vida de cada uno de nosotros, hay momentos serenos, hay momentos en los cuales tenemos preguntas a las cuales no sabemos qué respuestas dar.
En el maletero hemos almacenado algunos sueños, algunas ambiciones, algunas derrotas. No hay nada que pueda darnos todas estas cosas al mismo tiempo, nada que pueda devolvernos todo lo que un día habíamos poseído. Bueno, hoy yo puedo decir que en mi 'nada' tengo sin embargo mucho; y que en mi 'nada' he tratado de hacer y obtener las cosas ¡en las cuales yo creía! A veces me enojo conmigo misma y me regaño a mi misma…aquí en facebook, estoy desde septiembre del 2010. Habían sido 10 años que yo había puesto a un lado mi pasión por escribir, ya no escribía y ya no lograba hacerlo. Mi mente se había como atrofiado en ese sentido, no que yo haya abandonado todo completamente, sino que tuve un largo período inactivo. Una persona que conocí casualmente aquí en facebook, me dio el aporte para volver a empe...zar: los sueños siempre nos ayudan a vivir. Mientras tanto yo estaba muerta, muerta como escritora, como poeta, como escribana...
lo que yo aquí inicialmente compartí eran sólo y exclusivamente cosas que yo había escrito en el pasado. Algunos años atrás, recuerdo que, hablando con un sacerdote de esta pasión mía ya marchitada, él me aconsejó que volviera a ella, a la pasión de

escribir. Volver a empezar? Qué voy a escribir? le dije; él cándidamente me contestó: Escríbele una carta a Dios, una carta de amor a Jesús. Eso para mi fue como un bombazo, una sacudida, pensé por un instante: este est loco totalmente insensato y rid Dios? Eso me parecía algo fuera de toda lógica...Sin embargo, más tarde empecé a escribir un artículo para "L'Inchiesta"..En los meandros de mi memoria vino a flote un caserío abandonado con caballos que pastoreaban. Así fue que escribí mi primer artículo sobre la "Villa Comunale" de Frosinone; más que un artículo, yo diría que es una fábula hecha de recuerdos. Heme aquí pues, hoy he decicido llevar a cabo el consejo de aquel sacerdote. Quiero dar voz y pluma a muchos que, en el camino de sus propias vidas, han recibido un don, el don de la conversión. Muchos dicen ser creyentes, mas no practicantes...habría mucho que decir sobre esto... Estoy absolutamente convencida que, cuando nos acercamos mucho al Señor, a Jesús, no hemos sido nosotros a escogerLo a El, sino El a escogernos a nosotros.Espero vuestras historias de conversión: qué, dónde, cuándo, cómo ha sido tu Re-encuentro con El.este
Todo será imprimido en un libro, un libro de historias verdaderas que llevará tu testimonio a quien ignora completamente Su Existencia...Este es el título del libro que podrá tener tu historia.

Daniela Straccamore

Traduzione in Inglese

Dear friends

There are dark times in each of our lives, times of peace, times when we question ourselves without being able to find any answers. In the back trunk of our lives we have placed dreams, ambitions, and failures.

There is nothing that can give us all of those things at the same time, and nothing that can give us back everything we used to have. Well, today I can say that within my nothingness, I have so much, and I have tried to carry out and accomplish all of the things

I believed in!

Sometimes I get angry with myself, I literally tell myself off.

I've been here on Facebook since September 2010. I had left my writing aside for ten years. I wasn't writing anymore and I wasn't able to do so either. My mind had atrophied when it came to writing. It wasn't that I had given up altogether, simply that I was going through a long period of inactivity. A casual acquaintance here on Facebook, encouraged me to start up again. Dreams always help us live. In the meantime, I had died: as a writer, as a poet, as a copyist. At first, the things I would share were exclusively things I'd written in the past.

A few years before, I remember speaking with a priest about this passion of mine that had become barren. He gave me the advice to start writing again. "Start over? What will I write about," I

asked him. "I no longer have anything to write about." He candidly replied, "Write a letter to God, a love letter to Jesus." I almost had a heart attack right then and there. "This guy's nuts," I thought to myself. "Completely insane and out of it. God?"
It seemed like something completely outside to all logic.
Then, I began to write here and there for l'Inchiesta (an Italian newspaper). An abandoned farmhouse with many grazing horses resurfaced in the twists and turns of my memory. This is how I wrote my first article on the "Villa Comunale" of the city of Frosinone, more than just an article, it was more of a story made up of memories.
So, today I have decided to follow up on the advice of that priest. I intend to give a voice and a pen to many who in the paths of their own lives have had been blessed with a gift, the gift of conversion. Many say they are believers but non-practicing. There would be a lot to say about this. I am absolutely convinced that when we get very close to the Lord, to Jesus, that we do not choose him, but rather he chooses us. I am eagerly awaiting your conversion stories. What was your encounter with him? Where, when and how did it take place?

I will then publish everything in a book, a book made up of real stories to witness to those who know nothing about His existence…

Daniela Straccamore

Traduzione in Francese

Chers amis,

Il y a des moments noirs dans chacune de nos vies, des moments de paix, des moments où nous nous interrogeons sans réussir à trouver des réponses. Dans le coffre arrière de nos vies, nous avons mis nos rêves, nos ambitions, nos échecs. Il n'y a rien qui puisse nous donner toutes ces choses en même temps, et rien ne peut nous rendre tout ce que nous avions auparavant. Bien, aujourd'hui je peux dire que dans mon néant, j'ai tellement. J'ai essayé de réaliser et d'accomplir toutes les choses en lesquelles je croyais!
Des fois je m'énerve contre moi-même et je m'engueule toute seule. Je suis ici sur Facebook depuis septembre 2010.
J'avais laissé écrire de côté pendant dix ans. Je n'écrivais plus et je n'y arrivais pas non plus. Mon esprit s'était atrophié quant à écrire. Je n'y avais pas renoncé complètement, mais j'étais simplement dans une longue periode d'inactivité. Une connaissance sur Facebook m'a encouragé à recommencer. Les rêves nous aident toujours à vivre. Entretemps, j'étais morte: en tant qu'écrivain, en tant que poète, en tant que copiste. Au début, je partageais uniquement les choses que j'avais déjà écrites. Quelques années plus tôt, je me souviens d'avoir parlé avec un prêtre de cette passion qui était devenue désormais stérile. Il m'a conseillé de reprendre la plume. "Recommencer? De quoi vais-je écrire?"

Je lui ai demandé. "Je n'ai plus de sujets dont écrire." Il a répondu franchement: "Ecris une lettre à Dieu, une lettre d'amour à Jésus." J'ai pratiquement fait un arrêt cardiaque! "Ce type est fou," j'ai pensé. "Complètement fou. Dieu?" On aurait dit quelque chose qui était hors de toute logique. Puis, j'ai commencé à écrire çà et là pour l'Inchiesta (un journal italien). Dans les méandres de ma mémoire, une ferme abandonnée avec de nombreux chevaux qui broutaient dans le pré a refait surface. C'est comment j'ai écrit mon premier article au "Villa Comunale" de la ville de Frosinone. Plus qu'un simple article, c'était une histoire composée de souvenirs. Alors, aujourd'hui j'ai décidé de faire suite au conseil de ce prêtre.

Je veux donner une voix et une plume à ceux qui dans les chemins de leurs vies ont été bénis avec un don, le don de la conversion. Beaucoup disent qu'ils sont croyants mais non-pratiquants.

Il y aurait beaucoup à dire à ce sujet. Je suis absolument convaincue que lorsque nous sommes proches du Seigneur, de Jésus, que nous ne Le choisissons pas, ma c'est Lui plutôt qui nous choisit. J'attends avec enthousiasme vos histoires de conversion. Comment a été votre rencontre avec Lui? Où, quand et comment a-t-elle eu lieu? Par la suite, je publierai le tout dans un livre, un livre composé d'histoires vraies qui témoigneront à ceux qui ne connaissent pas Son existence.

Daniela Straccamore

Traduzione in tedesco

Liebe Freunde,

es gibt graue Momente in unserem Leben, ruhige Momente, Momente der Fragen auf welche wir ab und zu keine Antworten finden. Wir haben Träume, Wünsche und Niederlagen in unseren Rucksack gesammelt. Nichts was uns mehr geben könnte, nichts und alles was wir bekommen könnten. Gut, heute kann ich bezeugen, dass ich bei meinem Nichts, viel besitze, und habe versucht das zu machen und zu erhalten worin ich glaubte! Manchmal rege ich mich selbst über mich auf, und ich schimpfe mit mir…Seit September 2010 bin ich hier in Facebook. Es sind 10 Jahre vergangen als ich das Schreiben beiseite legte, war unfähig und habe aufgehört zu schreiben. Meine Gedanken ware wie gestümmelt beim Schreiben, aber ich habe es nicht total aufgegeben, es war einfach eine Ruhezeit. Eine zufällige Bekanntschaft hier in Facebook hat mir Mut gemacht, denn Träume helfen zu leben. Inzwischen war ich unfähig als Schriftstellerin, und als Gedichterin geworden, das heiβt, alles was ich mitteilte, waren nur und ausnahmsweise Schriften aus dei Vergangenheit. Vor einigen Jahren, bei einem Gespräch mit dem Pfarrer über meine Leidenschaft, gab er mir den Rat, wieder zu beginnen. Beginnen? Was soll ich schreiben, fragte ich ihn. Er antortete einfach: " Schreibe einen Brief an Gott, einen Liebesbrief an Jesus". Ich bekam einen Schlag, ich dachte er sei verrückt, total blöd undübergeschnappt. Gott? Es kam mir so unlogisch vor..Dann begann ich etwas über Forschung, im Bereich der aufgefrischten Erinnerungen, ein verlassener Bauernhof mit Pferden beim Grasen zu berichten. Un so schrieb ich meinen ersten Artikel uber die Villa der Gemeinde Frosinone, mehr als ein Artikel, war es ein erfundenes Märchen aus Erinnerungen. Gut, heute habe ich entschlossen, den Rat des Pfarrers zu folgen. Ich habe vor Stimme und Schrift denjenigen zu geben die auf ihrem Lebensweg ein Geschenk erhielten, das Geschenk der Unterhaltung. Einige meinen sie seien Gläubige auch wenn sie nicht praktizieren,……und es gäbe viel dazu zu sagen. Ich bin sehr davon überzeugt, wenn man sich an den Herr, an Jesus nähert, sind nicht wir die suchenden, aber ER hat uns auserwählt. Ich warte auf eure Geschichten der Wendung, wahre Wendung. Was, wo, wann und wie euer Treffen mit ihm geschah. Alles wird dann als Buch gedruckt, ein Buch mit wahren Geschichten, die diejenigen überzeugen wollen die seine Existenz ignorieren…

Daniela Straccamore

si ringrazia Andrea Detgen per la fattiva e gentile collaborazione

Medjugorje, 2 novembre 2013

"Il Padre Celeste è in ogni uomo, ama ogni uomo e chiama ogni uomo col proprio nome. Perciò, figli miei, attraverso la preghiera ascoltate la volontà del Padre Celeste. Parlate con Lui. Abbiate un rapporto personale col Padre, che renderà ancora più profondo il rapporto tra voi, comunità dei miei figli, dei miei apostoli. Come Madre desidero che, attraverso l'amore verso il Padre Celeste, vi eleviate al di sopra della vanità di questa terra ed aiutiate gli altri a conoscere e ad avvicinarsi gradualmente al Padre Celeste."

FRANCESCO scrive:

Il mio incontro con Gesù?

Beh sapete, non sono uno che va molto per il sottile, non sono uno di quelli che la Domenica va in Chiesa e si pente dei propri peccati. Sono uno che non sopporta certe ipocrisie che troppo spesso si vedono in giro, ma mi pregio di essere uno che ha imparato a riconoscere la Fede e a scinderla dalle debolezze degli uomini. Difficilmente mi vedrete in una Chiesa nelle grandi occasioni perché mi piace essere riservato e pregare nel silenzio della casa di Dio, ma nessuno sa, che io tutte le sere disteso a letto con Lui ci parlo proprio come faceva Don Camillo. Un rapporto bellissimo che va oltre ogni soddisfazione e forse è proprio per questo, che la notte dell'8 dicembre del 2007, giorno l'Immacolata Concezione Madre di Gesù, il figlio di Dio mi ha salvato da un proiettile passato a un millimetro dal cuore senza toccarlo.
Lo so, vi starete domandando ma chi sei, dammi due numeri, dammi un terno al lotto. In verità vi dico che se Dio ha voluto salvarmi lo ha fatto per un motivo, quello di tornare all'ovile e pregare insieme agli altri per una redenzione.
Io Gesù Lo vedo in sogno, Lo sento mentre cammino, Lo ascolto mentre sono adirato e sento i Suoi schiaffoni quando Lo bestemmio.
Smettiamola di credere in quello che ci conviene; spegniamo la tv, apriamo la mente. Sia esso Dio, Allah, Budda, va bene tutto, l'importante è avere fede perché solo la fede salva lo spirito e fortifica il corpo. Nessuno faccia il partigiano o l'ultras religioso,

l'estremismo distrugge ciò che i profeti hanno costruito.
Io invece di darvi un terno, o una schedina vincente, vi regalo il mio sogno che si chiama:

HO SOGNATO GESU'

Nebbia fitta che oscura il grande canale,
rallenta il passo tra le calli veneziane.
D'improvviso, solare e potente, Lui ci appare.
Veste i panni dell'elettricista,
veste i panni del muratore e ha la tuta blu.
Squarcia con luce immensa il freddo oblio
ripiegando su di noi, povera coppia
di viandanti in cerca di approdo.
Improvviso calore scende sulle menti,
Lo seguiamo nel Suo cammino,
tra Rialto e Santa Lucia,
seminando germogli di vita.
Diventa rivoluzionario,
il più grande di tutti i tempi.
Indica la strada a piccoli e grandi,
impone le Sue mani sulla tecnologia
trasformandola in umana passione,
frutto di debolezza.
Ci libera dalla schiavitù e dall''assuefazione
riportando in terra pace e serenità.

Ho sognato un rivoluzionario che liberasse il mondo,
ho sognato un uomo che fosse il più grande,
si era Lui, ho sognato Gesù.

"Non sono né il migliore né il peggiore dei credenti, ma posso vantarmi di parlare con Gesù Cristo tutte le sere come uno de miei amici qualsiasi, anzi, il mio migliore amico."

Francesco Ferro

ELISABETTA scrive:

Salve, anche io vengo a portare la mia testimonianza.

Anche se proveniente da una famiglia cattolica praticante, all'età di quindici anni, sulla base della domanda "*ma se esiste un Dio, perché se ne sta su nel cielo a guardare tutto il male del mondo senza far nulla?*", decisi di dichiararmi atea chiedendo persino l'esonero dall' ora di religione a scuola.
Un anno dopo, improvvisamente, mentre mi trovavo a casa da sola e guardavo il cielo dalla terrazza, mi venne come un'illuminazione improvvisa. Cominciarono ad affiorare domande sull' esistenza dell'uomo e sentivo tutte le risposte dentro di me, come se ci fosse accanto a me una presenza pronta a rispondere.
Cominciai a provare una profonda gioia, e pensai che solo un Dio avrebbe potuto creare tutto ciò che mi circondava; tutta la grandezza e la bellezza della natura. Solo un essere grandioso, infinito avrebbe potuto farlo, e l'unico nome che potevo dargli non poteva che essere DIO!
Camminai così per un paio di anni nell'amore di Dio, ma non intrapresi un cammino di preghiera e nemmeno andai costantemente a Messa, ed ecco che mi allontanai di nuovo da Egli, per poi riavvicinarmi diversi anni dopo quando mi sposai ed ebbi due figli (ma anche qui non abbastanza).
Dopo diciassette anni il mio matrimonio fallì.
Mi ritrovai da sola con i miei figli ad affrontare una nuova convivenza e mi sentivo sempre più lontana da Dio (ma nel frattempo mi ero comunque informata a sufficienza sulle attività del maligno e sulle sue tentazioni).
Un anno e mezzo fa passai un periodo così brutto che io stessa tutt'ora definisco la mia discesa all' inferno e un incontro diretto con satana. Questi, non riuscendo a farmi cadere nelle sue

trappole, pensò bene di farlo attraverso mia figlia di sedici anni, facendola cadere in una deviazione sessuale tramite un gruppo di amicizie gestite da un insegnante della scuola in cui andava. Lei, mia figlia, era trasformata nello sguardo, nell'aspetto, ma soprattutto nella mentalità; per non parlare, poi, di come mi trattava.

E' stato un qualcosa di indicibile. Insomma, stavolta sentivo che satana ce l'aveva fatta e che non c'era psicologo che avrebbe potuto aiutarmi. Mi sentivo così sola che pensai di farla finita, ma una sera mi ricordai della storia della Divina Misericordia di Gesù e di Suor Faustina. Ricordavo che in alcuni momenti del mio passato mi aveva aiutata e tanto. Allora decisi di andare a darci un'occhiata su internet.

Mi resi conto che Gesù era veramente l'unico che avrebbe potuto aiutarmi e non esisteva psicologo al mondo capace quanto Lui.

Cominciai a seguire alla lettera tutte le istruzioni che leggevo nell'Atto di Abbandono a Gesù, e cominciai a recitare la *Coroncina della Divina Misericordia* ogni giorno.

Nel frattempo mia figlia, nel giro di pochissimi giorni, cominciò a cambiare radicalmente amicizie e mentalità, al punto tale da convertirsi e seguire la Santa Messa ogni giorno.

Ha acquisito un modo nuovo di vedere e guardare il mondo, ed io assisto ogni giorno a questo straordinario miracolo.

Il mio cammino di conversione è proseguito e prosegue ancora da circa un anno; oggi vado alla Santa Messa tutti i giorni, recito il *Santo Rosario* tutto per intero, la *Coroncina della Divina Misericordia*, la *Corona alle Sante Piaghe di Gesù* e, quando riesco, anche i *Cento Requiem per i defunti* e la *Corona Angelica*. Premetto che ho un lavoro che mi tiene fuori di casa otto ore al giorno, ma credo che quando una persona è proprio decisa a mettere Dio al primo posto nella sua vita, il tempo lo trova!

Io l'ho trovato perché ho incontrato Dio e non ho nessuna intenzione di perderlo!
Un abbraccio a tutti, e scusate se mi sono prolungata.

Elisabetta

MERY scrive:

Io non ho ancora incontrato Gesù... ma Lo sento ogni sera prima di addormentarmi; mi parla attraverso la mia coscienza ed è una voce gentile, dolce; un padre che perdona ma allo stesso tempo sgrida. So che Gesù è esistito veramente come uomo e so che ha fatto grandi cose.
Credo in Lui semplicemente, tutto qui.

Mery

CARLA scrive:

E' quando si tocca il fondo che la mano del Signore accorre a risollevarti e ti porta così in alto da farti toccare veramente il cielo!

Sono nata e cresciuta in una famiglia cattolica praticante ma diventata adulta, senza motivo, ho provato avversione per la Chiesa, i preti e i Santi. Mi rivolgevo solo alla Madonna nel momento del bisogno e Lei era lì, sempre! E' stata sempre al mio fianco anche quando La offendevo con i miei peccati, alcuni mortali. Come può una mamma abbandonare la propria figlia? Sì, è proprio così, Lei non mi ha abbandonata mai, e quando ho toccato il fondo mi ha riportata su e mi ha fatto "Vedere", con i suoi occhi, i Santi, i sacerdoti, la Chiesa, che ora amo e rispetto!

Carla

CARMELA scrive:

La mia? Una storia come tante. Dopo la Cresima, da adolescente, ho abbandonato la vita di parrocchia e poi la Messa.
Si comincia così, un po' annoiati, ribelli per l'età e alle prese con i primi amori, gli studi, gli hobby e quant'altro.
Il pensiero comune diventa così il proprio; uniformarsi, l'unica via per farsi apprezzare ed avere degli amici.
Ah! Quante illusioni e delusioni, lontana dalla Fede!
Ci son voluti dieci anni, prima che le cose cambiassero sul serio; con le nozze, già incinta, ma desiderosa di metter su famiglia da sempre.
Qualche riavvicinamento c'è stato guardando servizi su Lourdes in tv e seguendo Rosari, ma nulla. Si sa che poi il tentatore torna all'attacco più forte di prima!
Ho avuto varie crisi e momenti terribili; il peggiore è stato verso la fine dell'estate di due anni fa. E così, mentre ero persa e disperata, Lo incontrai pur non cercando
Lo durante un pellegrinaggio al quale fino all'ultimo avrei voluto rinunciare... Da lì la mia rinascita!
Col supporto di catechesi ascoltate attraverso Radio Maria, tv, Sacramenti frequenti, cambiamenti radicali, persone con cui ho chiarito (in primis con l'anima mia inquieta!).
Ora la mia vita ha un senso, con più decisione e vigore porto avanti la mia famiglia formata da due bambini e uno splendido marito (che Dio intervenga subito anche nella sua vita!).

Con la Fede ho forza per ogni avversità e una speranza oltre questa esistenza che passa e va.
Io L'ho incontrato così...

Carmela

FRANCESCO scrive:

Siamo nel 1953, esattamente in Febbraio, e da Potenza in cui ero per i miei studi liceali, organizzammo una gita a San Giovanni Rotondo per andare da Padre Pio. Fu un viaggio lunghissimo, a bordo di un pullman abbastanza mal messo. Arrivammo davanti al convento verso le tre del mattino e assistemmo alla Messa che Padre Pio celebrò alle quattro del mattino, pigiati sul sagrato ricoperto di neve.
Quando Padre Pio sollevò l'Ostia Consacrata vidi chiaramente che le ferite sulle sue mani lasciavano intravedere la luce delle candele poste sull'altare. Mi vengono i brividi a ripensarci, ancora oggi, dopo più di sessant'anni.
Dopo la Messa Padre Pio ci ricevette nel corridoio che portava alla sua cella e io mi precipitai a prendere la sua mano con l'intenzione di baciarla. Fu allora che Lui mi diede un buffetto dicendo che gli facevo male. Restai impietrito e avrei voluto scusarmi per la mia irruenza, ma Egli era già passato oltre e non so se mi abbia sentito.
Dopo di allora, sono tornato circa quindici anni fa a San Giovanni Rotondo per visitare la Sua tomba e immergermi in una atmosfera bellissima di spiritualità e di Fede.
Credo che la mia storia possa interessare qualcuno che magari ha avuto la mia stessa esperienza. Ne conservo un ricordo vivissimo.
Dirò ancora che ho subito ben tre interventi chirurgici per combattere il cancro (brutta bestia) e sono certo che Egli mi abbia protetto. Avevo sul mio comodino una Sua immagine che

mi dava la serenità giusta per affrontare i miei problemi. Ed eccomi qui, ancora sulla breccia.

Tutta qui la mia esperienza.

Francesco Troyli

SILVIA scrive:

Io Gesù non L'ho mai incontrato né sentito.
Per anni devo dire che ho pregato ringraziando per quello che avevo, e basta.
Lo scorso anno è venuto a mancare papà dopo più di un anno di atroci sofferenze. Quest'anno, invece, è morto mio marito dopo tre mesi di una grave malattia. Mi chiedo perché, cosa hanno fatto loro e cosa abbiamo fatto noi per subire ciò.
Dov'è Gesù? Perché non ci aiuta? Faccio fatica a pensare che ci sia un Dio.
Da bimba ti insegnano che Dio ti aiuterà sempre. Ma quando?

Silvia

ROSA scrive:

Quando la mano innocente
voleva parare il colpo,
dove eri?
Dove eri mio Dio
quando tante vite restavano sepolte
sotto le macerie?
Tu mio Dio dove eri?
Perché proprio loro
e non gli assassini?
Perché anime innocenti?
Se esisti non far sorgere il dubbio,
non far perdere la fede,
è già tanto flebile.
In una piccola chiesa,
mi ero inginocchiata,
ho pregato con le lacrime agli occhi
ti ho chiesto una vita
mi hai dato una vita
ti ha chiesto una vita
e Tu gliel'hai data.
Ma quante rinunce,
a cosa è servito?
Solo lacrime versate.
Ora non so più che pensare,
quante ingiustizie,
quanti dolori ,
quante vite,

perché sacrificate?
E' questo il mio dubbio..
non so se più credere
se è il diavolo che vince sul male.
Vorrei un mondo migliore,
vorrei l'amore nel mondo
un Dio uguale per tutti..
Non distinzione di razza,
non pensieri di male,
ma una mano
protesa all'amore
un inno a Te o mio Dio
per sconfiggere il male.

Rosa D'Agostino

ANGELA scrive:

Sono sempre stata Cristiana, mi sono professata credente ma non ho mai frequentavo molto la Chiesa.

Tre anni fa mi trovavo in villeggiatura in Croazia e andai a visitare la Madonna di Medjugorje. Quel giorno, ricordo, successero tante cose; io che da sempre non avevo mai pregato, non riuscivo a smettere di farlo. Ero prostrata accanto alla statua della Madonna, piangendo.
Ricordo che mi si avvicinò un uomo, non lo conoscevo. Vedendomi piangere mi disse che dovevo stare tranquilla, la Mamma Celeste mi avrebbe aiutata. Poi mi abbracciò e mi sussurrò una cosa all'orecchio riguardante un fatto della mia vita che solo io conoscevo.
Da quel giorno non riesco a smettere di pregare, aiuto tutti indistintamente senza chiedere nulla in cambio. Mi rendo conto di aver avuto una Grazia e una nuova possibilità di vita. Quando ho dei problemi prendo la Bibbia e cerco in Essa le mie risposte. È lì che il Signore mi esaudisce.

Angela Sapienza

BARBARA scrive:

Ho conosciuto Gesù come ogni bambino al quale viene insegnata la dottrina Cristiana e sono cresciuta credendo in LUI.

Dieci anni fa la mia vita era caduta in un baratro profondo dal quale non riuscivo più a risalire.
Tutto rotolava velocemente dalle mie mani, non sapevo più in cosa credere e in chi credere. Poi un giorno qualcuno mi disse di avere un rapporto diverso con Gesù, parlando con Lui passando attraverso il Padre, Dio nostro Padre, per fare entrare lo Spirito Santo dentro di me.
Iniziai così a parlare con Lui tutti i giorni come si parla ad un vero padre ed a un vero fratello che non ti abbandonerebbero mai nel momento del bisogno.
Una notte, mentre dormivo nel mio letto con mio marito e mia figlia, la mia anima uscì dal corpo. Può sembrare inverosimile, ma io mi trovavo sul soffitto e vedevo mio marito e mia figlia nel letto che dormivano e io lì vicino a loro, ma era solo il mio involucro. Allungavo la mano, volevo rientrare dentro me stessa ma non ci riuscivo; ad un certo punto ho visto il mio corpo: era come luce, e quella luce mi ha parlato, dicendomi:
" VUOI TORNARE? VUOI CREDERE IN ME? VUOI AVERE FEDE E VIVERE NELLA LUCE O VUOI RIMANERE NEL BUIO?".
Ho avvertito una forza irreale prendermi e spingermi dentro a quell'involucro che era il mio corpo. Mi sono svegliata di soprassalto certa che non era stato un sogno; io me ne ero andata per poi tornare, tornare in LUI…in DIO PADRE E IN SUO FIGLIO GESU'.

Da allora la mia Fede è talmente cresciuta che ho persino voluto ribattezzarmi da adulta, consapevole di ricevere Gesù dentro di me.
Ovviamente rimango un essere umano che pecca tutti i giorni, ma certa di vivere in Lui e con Lui.
Da allora una nuova luce si è accesa dentro il mio cuore; è quasi come se fossi rinata! Cerco di donare amore all'anima di tutti, soprattutto a chi ne necessita.
Non posso dire di essere buona, non è la parola giusta. Direi invece di essere innamorata dell'amore in tutte le sue sfaccettature; non cerco più, come prima, di trovare una spiegazione logica a tutto, poiché sono fermamente convinta che nulla accada per caso, anche le cose più spiacevoli.
Quando non capisco parlo con LUI, certa che in qualche modo la risposta me La darà. Non sono mai stata una cattiva persona ma una del "Mondo", come dice la Bibbia. Anche ora lo sono, vivo nel mondo ma vivo con LUI, o meglio, è Dio che vive dentro di me. Questo mi ha dato una grande umiltà e tanta voglia di aiutare il prossimo, a volte preferendolo a me stessa. Con ciò voglio dire che comunque rimango l'essere imperfetto che sempre sbaglierà, ma posso affermare una cosa:

"spesso ci lamentiamo che Dio non c'è o non ci ascolta e non ci aiuta. Non è così! Lui è lì come ogni Padre e aspetta solo di essere cercato, invocato, preso per mano, per farci accudire come ogni papà fa con i suoi figli. "

Barbara

DENIS SCRIVE:

L'ho incontrato nella serenità e nelle ore irruenti della mia vita, la nostra vita, quella di tutti i giorni di una civiltà che possiede la cultura programmata dalle leggi dell'uomo. Qualcuno ha detto che Gesù è il più grande filosofo della morale di tutti i tempi, dimenticando però di includere la Sua Divinità. Lo stesso senso della vita descrive la presenza del Cristo in noi come amore totale e rispetto per ogni essere vivente e non. Tangibile anche la Sua anima nelle nostre con buon senso.

La vista delle stesse stelle nel cielo e di un granello di sabbia, ha la stessa intensità emotiva, cambia solo la quantità e la durata. Integrarsi con il pensiero spirituale, con l'idea che una forza soprannaturale possa interagire con il nostro cosmo interiore, non fa più parte della cultura moderna, o perlomeno nella maggior parte delle culture mutate nel tempo.

Quando in un ragionamento razionale si scopre che il risultato di un pensiero coincide con la sensibile prerogativa che ci porta alla fede, si può dedurre che, in fondo, tutto converge in una sola verità, Dio. Essere timorati di Dio non è sinonimo di debolezza, come qualcuno afferma, anzi... la Fede tempra l'anima ed il coraggio preclude il male.

Io ho incontrato Gesù in un giorno cupo, piovoso, in tutte le sue forme emotive spirituali e materiali.

Ero al mare, già di buon mattino il tempo non prometteva nulla di buono, ricordo che eravamo verso la fine dell'estate, avevo circa ventisei anni e, come ogni anno, andavo in vacanza dove il sole dà il meglio di sé.

Quel giorno si tramutò in un vecchio straccio da cestinare, con meteoropatie diverse che si alternavano alla speranza di uscire da quell'incubo pazzesco, il prima possibile.

Come per metamorfosi, in simbiosi con un qualcosa di arcano, tutto parve più trascinante, più vero ed apprezzabile.
Seduto su una panchina coperta, guardavo l'orizzonte sul mare, mentre le gocce d'acqua si facevano più piccole, emanavano un suono piacevole che m'appagava.
Il cielo si squarciò in mille nuvolette e luce fu, ma il primo barlume mi scelse come testimone di un momento unico: un gioco di luci che sembrava parlassero, echi di suoni come voci incomprensibili; rimasi in silenzio solenne non ricordo per quanto tempo.
Il primo riferimento che mi venne in mente come paragone con il pensiero dell'uomo fu l'orrore delle guerre con un mare in calma. Le urla strazianti di chi il dolore ne aveva fatto una vera e propria convivenza ed il silenzio che accompagna la pace, due opposti che mi portarono a pensare ad una vita senza il male. Se è vero che ogni senso ha il suo opposto, allora il male non morirà mai, ma può essere gestito. Così, da quell'istante, nel mio tempo futuro fino ad oggi, ho sempre pensato che la rabbia non fosse altro che una perdita di tempo e può essere dominata convincendosi che dopo ogni spasmo iroso, ci sia quel barlume di luce che ci accompagna sulla giusta via. In un certo senso questa esperienza mi accompagna da sempre e mi tiene stretto a sé, come la certezza di esistere per amare e mai per odiare (l'odio è pur un sentimento, c'è qualcosa di più fermo e profondo: l'indifferenza).
Quel giorno che sembra non essere eclatante, ha invece infierito sulla mia illogica reazione nei riguardi di un tempaccio da dimenticare. Non una sola volta ho riscontrato quell'emotività; oggi, riesco nella mia serenità sotto la pioggia, tra la nebbia e nel gelido più algido, insomma la mia serenità non perde più il suo spessore. Sensibilità, fermezza, carattere, mistero? Son convinto che Dio esiste e che Gesù ce lo insegna ogni giorno, siamo noi

che vogliamo essere ciechi e preferire ogni tipo di svago e ogni reazione che ci viene per la mente.
Io sto imparando a conoscere ogni nuovo giorno che Dio mi dona ed ogni volta ha un senso.
Tanti anni dopo, un mio parente, malato terminale, chiuso in sala rianimazione all'ospedale, si spense alle 07:00 di una mattino piovoso, un quadro appeso vicino al mio letto si staccò e si frantumo in tanti pezzi, erano le 07:00.
Come interpretare? Conosco già la risposta.

Denis Cornacchia

CELESTE scrive:

Ciao, mi hanno chiesto perché non rilasciavo la mia testimonianza partecipando al tuo evento; voglio dirti quello che sento, quello che provo, quello che vivo con il mio Dio. Io non credo di essere una "buona" partecipante, non so più se sono ancora cattolica; chiaro è che non sono più praticante da tantissimo tempo, o meglio vado in chiesa sì, ma quando non c'è nessuno. Sto lì, mi soffermo a pregare in silenzio, in quella casa del Signore che mi dà tanto conforto.
Anche il mio modo di pregare forse non è da Cattolica, o comunque credo non sia neanche da Cristiana; quando lo faccio, di solito, prego prima di dormire. Ogni notte mi corico nel mio letto, mi rannicchio tutta su me stessa divenendo piccola piccola come quando ero bambina e mi accoccolavo ai piedi di mia nonna; mi faccio il segno della croce e leggo qualche passo della Bibbia. Recito il Padre Nostro e poi svuoto la testa completamente, mi lascio andare a confidenze, ringraziamenti e a volte anche a piccole richieste, certo non Gli chiedo il mondo!
Nella mia vita non ho vissuto bene né serenamente, ma nonostante tutto ringrazio sempre il Signore per quello che mi ha donato, sin da bambina.
Sono figlia di genitori separati e ho vissuto fino ai diciotto anni un po' in casa di sorelle, zie; insomma un po' di qua e un po' di là. Mi sono sempre detta: *"Celeste prendi il buono di questa giornata, chissà… forse domani sarà migliore!"* Lo faccio anche oggi che sono passati cinquanta anni.
Io non L'ho incontrato il Signore nella mia vita, credo di averLo avuto sempre nel mio cuore. Mi ha dato la possibilità di vivere

con il Suo Amore, di prendere il buono che c'è in questa vita, nella mia vita, perché in fin dei conti ho ricevuto tanto.
E' solo la mia Fede che mi fa pensare che è il Signore ad avermelo donato. Il brutto? Beh, quello mi è stato dato dalle situazioni della vita, oppure da me stessa.
Questa sono io, un grazie dal cuore per avermi dato la possibilità di testimoniare il mio incontro con LUI……

Celeste

ROSALBA scrive:

Ci ho pensato tanto, non vado mai in Chiesa se non per qualche funerale o ricorrenza; non so nemmeno io se sono degna di dare la mia testimonianza ma ho da dire: *Sì, forse il Signore mi ha portato in braccio e non me ne sono accorta.*

Mi è stato vicino e non ho capito, mi è stato vicino ma io ho tanta rabbia perché speravo che la nostra storia fosse una di quelle a lieto fine.

Ho lottato insieme ai miei figli e a lui, mio marito, improvvisamente colpito da una malattia terribile, tumore ai polmoni. I miei due ragazzi, una di undici, l'altro di ventuno, si sono sentiti schiacciati da questa notizia, senza parlare di quanto mi sentissi a pezzi io! Ma nonostante tutto abbiamo avuto forza e coraggio, siamo stati combattivi; per otto anni siamo stati una famiglia molto unita.

Prima non ci si accorgeva della fortuna che si aveva nell'essere una famiglia; si passava il tempo a cercare altrove le nostre soddisfazioni, poi, invece, alla notizia della malattia tutto è passato in secondo piano, quello che principalmente importava era il bene di noi quattro!

Inizialmente il responso fu di un anno di vita! Invece, ringraziando il Cielo, mio marito è rimasto con me il tempo necessario per far crescere i ragazzi. Una è giunta al diploma e l'altro è riuscito a vincere il concorso che aveva sostenuto; ha fatto in modo che trovasse un posto fisso, ed io, la sua sposa eternamente bambina che si appoggiava a lui e che non prendeva mai decisioni, sono diventata autonoma e responsabile. La cosa che più mi ha sorpreso di me è stato il coraggio con cui una notte portai mio marito in ospedale senza alcun timore; io che avevo

paura anche della mia stessa ombra! Mi sentivo pervadere da un calore, qualcuno mi accompagnava sempre, forse era Lui...
Sì, io L'ho incontrato così. Lui era con me, ma io credevo di fare tutto da sola.

Rosalba Mandalà

RITA scrive:

Angelo mio,

ti ringrazio per la possibilità che mi dai di parlare con Lui tramite te.

Da quarantacinque anni faccio la madre e la moglie, pensando sempre e solo alla mia famiglia. Ho vissuto esclusivamente per loro, dando anima e corpo, ma ancora oggi, nonostante i miei figli siano sposati, hanno bisogno di aiuto sia economico che morale. Non sto qui a raccontare le vicende della mia vita, come potrei? Ho dovuto affrontare le malattie dei miei figli e di mio marito, ma per grazia di Dio si è andati avanti.

Il lavoro scarseggia, la famiglia ha le sue esigenze, i nipoti reclamano la presenza della nonna e chiedono qualche piccola mancetta…

Mio marito da sette anni è in pensione e noi viviamo di essa. Ora sta male, ha un carcinoma alla vescica e non riesce più ad essere autonomo. Io, invece? Io mi metto sempre in secondo piano, non mi lamento di nulla, a parte per qualche acciacco dovuto alla vecchiaia; mi sento confusa e senza via di uscita. La crisi lavorativa non aiuta, non si trova lavoro e mi chiedo cosa ai miei figli riserverà loro il futuro. È tutto molto incerto! Non so fino a che punto potrò ancora aiutarli, sostenerli!

Ti ringrazio per il Link che hai postato, "IO L'HO INCONTRATO COSI'…. Mi chiedo: *"Fino adesso dov'E' stato, io non Lo sento più, forse sono io che non so chiedere? Oppure Lui ha troppo da fare o la mia casa è una vera babilonia e non vuol saperne di entrarci?"*

Amica mia, scusami per questo sfogo; a me è servito per parlare con LUI tramite te e gli chiedo: "*Ancora per quanto tempo?*". Ammetto che non sapevo più pregare né sperare, o forse non sono mai stata capace di farlo davvero.
Pochi mesi fa qui, su Facebook, ho conosciuto delle amiche che hanno acceso in me un esile fiammella d'amore, con parole d'affetto, parlandomi di Dio e di Maria.
Qualche mesetto dopo mi è giunta nei messaggi una preghiera alla Madonna di Medjugorje, mi si chiedeva di inviarla a dieci persone per ricevere una Grazia; non volevo farlo, non credo nelle catene, ma ripensando alle mie amiche l'ho fatto, mi sono sentita subito molto meglio. Ora sembra assurdo ma non impreco più, o almeno non più come prima. Mi sento un po' più protetta rispetto al passato. L'esito degli esami medici di mio marito, con grande sorpresa, è andato bene, tutto è nella norma.
Adesso, solo ora comincio a credere che Dio mi stia avvicinando a Sé, o meglio, sto imparando a cercarLo.
Credo che mi sia stato sempre vicino ed io sono stata cieca, non L'ho visto.
Ora inizio a fidarmi di Lui. Amen!

Rita

ALESSANDRO scrive:

Scrivere quello che state leggendo è possibile ora, ma alquanto improbabile fino a quella che ho ribattezzato come la data spartiacque, ovvero il 29 febbraio del 2012. Tenete bene a mente questa data di un anno bisesto, che per molti sarà ricordato per la storica nevicata che ha inverosimilmente imbiancato i tetti delle nostre case, ma che per il sottoscritto ha vergato indelebile sulla lapide la morte di mio padre. Non sono l'unico che lo ha perso e neanche l'ultimo che lo perderà, ma quando capita a te ti consideri unico nel dolore di quei momenti e non pensi che è la vita che svolge il suo indefesso ricambio generazionale, mutando pelle continuamente come usano fare i serpenti.
Nella vita a volte ci imbattiamo in shock emotivi, tremendi perché sovente si manifestano senza preavviso alcuno e con risvolti biechi che sconvolgono radicalmente gli equilibri quotidiani. Tutto quello che hai fatto prima viene resettato e ti trovi ad un bivio, ma un bivio forzato dove non hai libertà di scelta, in cui sei costretto a prendere la via che non vorresti ma che ineluttabilmente è l'unica che ci è imposta di seguire se vogliamo capire o meglio, tentare di comprendere la ragione per cui siamo, ma senza la presunzione di dover trovare la verità assoluta perché quella non ci è data averla in questa dimensione terrena, per contratto divino.
Ora vi racconterò il percorso di questa via ma prima ancora è necessario un preambolo, rappresentato dalle cosiddette coincidenze. Prima della data spartiacque pensavo che le coincidenze fossero frutto del caso, senza alcun intervento da parte di entità trascendentali e divine. Ma quando ti trovi

materialmente dinanzi l'esperienza della morte di un caro hai la necessità impellente di considerarlo ancora in vita da qualche altra parte. Hai il bisogno di sapere che ti sta osservando in tutti i gesti quotidiani e che entra addirittura nella tua mente per carpire i tuoi pensieri e le tue intenzioni prossime. Questo perché si sente l'esigenza di continuare a parlargli, spesso di cose che non si è avuto il tempo o con molta più probabilità il coraggio di dire in vita. Ecco perché il rimorso gioca un ruolo determinante e posso dire che suddette coincidenze finiscono per avere riverberi anche taumaturgici, ti fanno trovare risorse nascoste che prima non pensavi neanche di avere ma che poi per un motivo o per un altro debbono uscire fuori e ce le abbiamo tutti, intendiamoci.

Prima coincidenza

E' la sera della vigilia di Natale, il 24 dicembre del 2011.
Io e la mia compagna abbiamo invitato i miei genitori e mio fratello a casa nostra per la cena di rito. E' la prima volta che vedono la casa dove conviviamo e per l'occasione mio padre, Dante il suo nome, mi ha fatto dono di un pacchetto assicurativo che prevedeva il soccorso stradale gratuito nel caso fossi rimasto in panne con la mia automobile e disse che mi avrebbero recapitato presto a casa una copia del contratto e la tessera di socio che mi dava diritto alle prestazioni previste. Posso dire che erano anni che non mi regalava qualcosa, forse la mia memoria mi riporta addirittura ai tempi delle scuole elementari. Quel gesto

mi ha in un primo momento fatto riflettere su questo aspetto curioso della questione.
Vi sembrerà astruso quello che vi sto per dire, ma quella tessera è stata recapitata dal postino il 29 febbraio del 2012, ovvero il giorno della morte di mio padre.
Quel giorno ricordo, rincasai all'ora di pranzo dopo aver passato diverse ore in ospedale sotto flebo per lo shock della notizia e aiutato nei primi momenti dal prezioso supporto degli infermieri che mi hanno sostenuto con carezze e parole di conforto. Io che avrei dovuto consolare mia madre e il mio fratello minore sono stato a mia volta imbarellato e per di più messo sotto flebo, con mia madre costretta a preoccuparsi di me piuttosto che poter sfogare il suo legittimo dolore.
Lo stupore che mi ha cagionato aprire la cassetta della posta e trovare quella tessera di socio che mi aveva donato mio padre la vigilia di Natale e vedermela recapitata nel giorno del suo trapasso è stato di proporzioni immani e ha segnato per sempre la mia vita terrena.
E' la prima coincidenza post mortem, ma tra tutte la più inquietante e significativa.

Seconda coincidenza

Premessa:

il primo aprile del 2005 io e la mia famiglia fummo costretti a lasciare la casa di proprietà a Frosinone in cui ero nato e vissuto fino all'età di 26 anni (non vi sto qui a spiegarne i motivi), per trasferirci in un appartamento più piccolo e dove pagavamo un affitto di 360 euro al mese nelle campagne di Ferentino.
Li ci ho vissuto per quattro anni, ovvero fino a quando sono andato a convivere con la mia compagna. Venuto a mancare mio padre io e mio fratello giungemmo alla razionale conclusione che era meglio per nostra madre farle cambiare casa, sia per una questione di ricordi ma soprattutto logistici dato che, non avendo la patente e per di più in campagna avrebbe avuto difficoltà nell'espletare le più normali attività prosaiche, come far la spesa piuttosto che andare dal dottore di famiglia. Così ci mettemmo subitanei a lavoro per trovarle una sistemazione più comoda. Non so per quale bislacca coincidenza ma il nuovo contratto di affitto recava la data del primo aprile 2012, *ovvero lo stesso giorno di sette anni prima.*

Terza coincidenza

All'obitorio:
tra le visite di rito anche quella di una zia, e non ne specifico il grado di parentela per i motivi che intenderete.
Nella sua vita ha sempre agito secondo quelli che lei riteneva essere i capisaldi della religione di Cristo, ma all'atto pratico i suoi comportamenti reali sono sempre stati lesivi delle persone che la circondano, e la malafede è tale che si è manifestata in tutta la sua vividezza a cospetto del capezzale, in cui è inciampata cadendo proprio di fronte al corpo esanime di mio padre, quasi fosse stata assalita da chissà quale rimorso il quale è poi tramutato in goffo infortunio. Sono convinto che la caduta abbia una valenza ben precisa e sia legata indissolubilmente ad alcuni suoi comportamenti discutibili, rappresentando *una sorta di resa dei conti per le malefatte nonché una "rivincita di papà".*

Le coincidenze appena citate, (ce ne sarebbero altre ma ho qui riportato quelle che ritengo essere le più significative), fanno parte di una serie di linee guida che, nel corso dei mesi successivi alla morte, mi hanno aiutato ad avvicinarmi a Cristo. Essenziale è stata la presenza nel cammino di un amico parroco, Don Mario, con il quale ho iniziato un percorso di sedute e letture per capire meglio la trasformazione che stava avvenendo intorno a me e, soprattutto, dentro di me.

Il succo di questa esperienza è racchiusa tutta in una frase di Don Giussani: *aspettatevi un cammino, non un miracolo che eluda le vostre responsabilità.* Ed è vero. Quello che ricordo con maggior fulgore di questo inizio percorso era l'alternarsi costante di momenti di lucidità e razionalità a momenti di grande sconforto, che sembravano cancellare completamente tutti i progressi fatti fino a pochi attimi prima. E' questo il rischio concreto più grande, ossia quello di adagiarsi credendo di aver trovato la verità, ma il nulla che ci circonda e le tentazioni sono sempre in agguato e quando pensiamo di aver capito in realtà non abbiamo capito niente, perché quando si inizia un percorso come questo non è previsto un traguardo. Il traguardo non c'è e non basta una vita terrena per comprendere a pieno il mistero di Dio, ci si può preparare, quello sì, ossia educare a modelli di comportamento che ci aiuteranno poi ad affrontare meglio la sorte comune e nulla di più, ma sarebbe già tanto se tutti arrivassimo a questo obiettivo minimo. Cercavo di cogliere ogni singola esperienza di vita come un messaggio di Cristo.

Queste esperienze potevano ad esempio consistere in un incontro particolare con persone che mi raccontavano le loro testimonianze di vita. A tal proposito illuminante per me è stato conoscere un uomo sulla sessantina di Gubbio.

La sua testimonianza è stata talmente potente che subito dopo ho sentito la necessità di trasporla in poesia.

Si chiama Giulio e mi ha raccontato che quando era più giovane lavorava negli stabilimenti Ariston nelle Marche e ad un certo punto aveva la possibilità di fare carriera, ma accettare quella proposta significava per lui allontanarsi da casa e dunque rivoluzionare completamente la sua vita.

Sarebbe dovuto andare via da Gubbio ma c'era un problema: suo padre. Quest'ultimo non è stato un buon padre, dal momento che ha truffato più volte Giulio arrivando anche a rubargli i soldi dello stipendio quando era più giovane. Ma questi nel frattempo si era ammalato e aveva bisogno di qualcuno che badasse a lui. Giulio, nonostante le sue malefatte ha rinunciato alla possibilità di carriera, è rimasto a Gubbio e come se non bastasse lo ha accolto in casa sua fino all'ultimo giorno di vita concedendogli il privilegio di morire nel letto di casa e non di un ospedale piuttosto che di una casa di riposo. Lo ha in pratica perdonato. Ho tralasciato però un particolare non trascurabile: Giulio non è credente, ma il fatto che ha perdonato suo padre è la testimonianza evidente che Gesù è dentro ognuno di noi, a prescindere che crediamo oppure no. In quel periodo ogni cosa o persona in cui mi imbattevo mi parlava di Gesù, in un estasi mai conosciuta prima di allora e in queste cose o persone trovavo la forza per tentare di capire il significato della vita prima e della morte poi.

Mi bastava ascoltare il gorgogliare dell'acqua delle fontane oppure osservare il sorriso di un fanciullo quando incrociava il mio sguardo per capire che Gesù è dappertutto. Ogni cosa in pratica era un'esperienza, capace di generare ogni volta il miracolo dello stupore. Ricordate che nella ricerca del volto di Cristo è fondamentale il concetto di stupore. Nel momento in cui lo perdiamo significa che abbiamo interrotto il nostro processo di crescita spirituale e diventa concreto, per non dire certo, il rischio di essere risucchiati dal nulla.

Un nuovo rapporto

Il mio rapporto con mio padre quando era ancora in vita è stato molto particolare. Le molteplici delusioni che aveva avuto lo avevano ad un certo punto portato ad isolarsi. Riteneva di aver subito nequizie da parte di tutti, amici e parenti e questo lo aveva estraniato nel tempo anche da mia madre e noi figli. Parlava poco con noi, specialmente negli ultimi mesi di vita. Credo che le persone abbiano la capacità di sentire quando la morte non è poi così lontana e me ne resi mestamente conto un giorno di gennaio, ovvero un mese prima della morte, in cui mio padre si confidò con me dicendomi che era ormai vecchio e manifestando preoccupazione per mio fratello che non riusciva a trovare un posto di lavoro. Quella esternazione mi raggelò, perché mi fece capire che ormai subodorava il presentimento di una prossima dipartita. E così fu. Da quando non c'è più ogni volta che vado a trovarlo al cimitero parlo con lui a voce alta. Gli racconto delle novità (anche se lui già sa tutto), dei problemi e spesso gli parlo anche di calcio. In pratica parliamo paradossalmente più adesso che prima. E' con questo nuovo rapporto che abbiamo instaurato che voglio concludere la mia testimonianza, perché la riscoperta di Cristo è racchiusa tutta in questa esperienza anche se debbo ammettere una cosa: il cammino è ancora lungo e il nulla è sempre in agguato.

Alessandro Minotti

GIUSEPPE scrive:

Nel 1986, il mio papà si ammalò di un tumore al fegato, aveva sessantasette anni.
Era sempre stato un uomo abbastanza forte, nella vita faceva il muratore, la nostra casa l'aveva costruito lui.
Era stato emigrante in Germania per quindici anni, un uomo molto cattolico; ogni sera ricordo che a casa si recitava sempre il Santo Rosario prima di andare a letto. Io in quel periodo facevo il carabiniere a Capua, venni trasferito a Serra San Bruno in Calabria, sulle Serre Calabre; a Serra vi è un convento di Certosini, il Priore della Certosa era un frate Francese, si chiamava Padre Christiano, un uomo bassino con una cultura immensa, parlava sei lingue. Io andavo quasi tutti i giorni alla certosa per le funzioni, i salmi e la Messa.
Padre Christiano mi spiegava la Bibbia, mi diceva delle cose che non avevo mai sentito prima, mi parlava di Gesù, mi confessava. Parlavamo di tutto e poi mi portava in Biblioteca, ricordo che era enorme. All'interno della certosa c'erano un orto con diverse piante e animali, più in là c'erano anche il Cimitero e la Chiesa, insomma, una piccola cittadella.
I monaci vivevano di clausura, l'ingresso alle donne era precluso, però una volta a settimana un monaco usciva per recarsi in Ospedale dove diceva la messa e i malati potevano confessarsi. Questo monaco, oltre ad avere il permesso del Priore, aveva anche la dispensa del Vescovo di Catanzaro.
Io ho conosciuto il Signore in quel periodo perché oltre ad avvicinarmi alla Chiesa ho letto molto; mi è stata spiegata la Bibbia che per me era stata sempre noiosa e difficile da comprendere.

Poi in seguito ho fatto parte di un gruppo di Preghiera, il Rns (Rinnovamento dello Spirito Carismatici); si pregava, si leggeva e spiegava la Bibbia, per me era bello poter tornare alle origini del Vangelo, sapere che Dio e Gesù non erano poi così distanti da noi, bastava avvicinarsi con cuore umile a Loro, chiedere il perdono dei peccati, credere che Gesù è morto in croce per me perché mi ha redento con il suo sangue, il Suo sacrificio mi ha lavato del peccato originale, quindi io Credendo in Lui sono salvo.
Questo è stato il mio incontro con Lui.

Giuseppe Buro

ILARY scrive:

Io l'ho incontrato così...

Ho avuto un'educazione cattolica: da bambina andavo felicemente in Chiesa ogni Domenica, pure quando ero a scuola, durante la settimana, pensavo spesso a Gesù come ad un amico. In un certo senso Lo sentivo sempre vicino a me.
Ho imparato a leggere prestissimo e da sola, attratta dai libri, dalle immagini e dai colori. Uno dei primi libri che imparai a leggere fu proprio "La Genesi", riscritta per i bambini.
Quando a scuola ci chiesero, prima di spiegarci la teoria del Big Bang, come fosse nato il mondo, mi ritrovai ad alzare la mano sicura, spiegando ciò che avevo letto su quel meraviglioso libro. Nonostante ciò a dieci anni, dopo aver fatto la Prima Comunione, improvvisamente decisi di non voler Cresimarmi. Probabilmente perché non mi trovai bene al catechismo.
I catechisti non erano riusciti a trasmettermi quello che mi aspettavo da un ambiente parrocchiale: calore, tenerezza, pazienza, amore. Io vi trovai severità, austerità, freddezza. Mi sembrava di tornare a scuola. Da quel momento pensai di non aver scelto consapevolmente la mia religione. Mia madre accettò la mia decisione.
Seguì un lunghissimo periodo di allontanamento, non sentivo più tutto quel trasporto per la religione, per Gesù e per Maria, mi sentivo come delusa. Anche adesso non sarei capace di spiegare il perché di quella delusione; certo è che non furono né il Signore né Sua Madre a deludermi.
Con l'arrivo dell'adolescenza scoppiò un grande senso di ribellione dentro me. Leggendo un libro d'antologia, alle scuole

medie, scoprii la cultura dei nativi americani, i Sioux. Lessi "Un falco nella notte" di Zucconi e pensai di aver trovato la mia strada. Iniziai a comprare un mare di libri sugli indiani d'America, fino a sposare la loro filosofia religiosa.
Quello che mi piaceva era l'enorme rispetto di questo popolo per l'ambiente, gli animali, il creato. Il mio motto divenne una citazione presa da un calendario dedicato ai nativi americani: *"Io sono un'indiana: vedo Dio nel vento e lo sento nelle nuvole"*. Iniziai a chiamare Dio, *"Grande Spirito"*. In quegli stessi anni, mia madre divenne lei promotrice di un gruppo in parrocchia. Lo frequentavo solo per stare in compagnia e mantenere le amicizie. Sacerdoti, animatori e amici cercavano di comprendere la mia dimensione spirituale. Ero spesso ostile, li credevo propensi, subdolamente, a "convertirmi".
La mia era una semplice ribellione adolescenziale.
Un mio carissimo amico, il mio migliore amico di sempre, Andrea, oggi anch'egli sacerdote, spesso si tratteneva con me: uscivamo, parlavamo, parlavamo quasi sempre e solo di me, delle mie turbe mentali o di religione. Ci confrontavamo e ci divertivamo. Fu lui a farmi capire come Dio è sempre lo stesso, qualsiasi religione si sposi. Mi fece conoscere meglio anche San Francesco, lo ammirai moltissimo.
Presa la maturità e terminata la scuola, complice forse anche il trasloco in una casa nuova con la mia famiglia, in un altro quartiere, sconvolsi totalmente la mia vita. Non pensai più alla religione, nemmeno agli indiani. Il mio mito divenne la psicologia. Infine conobbi una persona sbagliata. Era il 2003. Andai a vivere con lui a Milano, nel 2004, per tre anni. Non racconterò l'esperienza per non andare fuori tema. Ma ne uscii mezza morta. Non scherzo! Persi anche tutti i contatti con gli amici di Roma. Non mi permetteva neppure di avere contatti con la mia famiglia. Quando lasciai "il milanese", geloso, possessivo, esclusivista...

tornai a Roma e pesavo 37 kg per 1,60 di altezza.
A Milano mi stavo consumando. Furono anni di buio, confusione e delirio. Iniziai a sentire che stavo sbagliando tutto, solo in concomitanza con la morte di Giovanni Paolo II.
Il Papa stava morendo, in quei giorni i media non parlavano di altro e io mi sentivo sconvolta dentro. Morì e mi sentii persa. Mi ricordai di aver visto Karol Wojtyla anni prima, da adolescente, in un evento a San Pietro al quale partecipai con la mia parrocchia. Ero vicino ad Andrea, il mio amico oggi sacerdote. Gli dicevo, orgogliosa, di sentirmi stranita di essere lì e non mi interessava vedere il Papa. Ma quando comparve, tutto vestivo di bianco e poco lontano da me, sorridente, con i suoi due occhi di cielo celestiale...mi commossi e provai immensa tenerezza, un entusiasmo gioioso e viscerale.
Pochi giorni dopo questo ricordo ero ancora a Milano, feci un sogno: vidi una piramide bianca e tante persone, uomini con tuniche e capelli bianchi, che salivano e scendevano. Uno di questi si fermò a guardarmi. Aveva un'espressione severa, forse di rimprovero. Però quando osservai i suoi occhi vidi un amore profondo e sconfinato e tanta misericordia. In quegli occhi azzurri, talmente azzurri tanto da perdersi dentro, riconobbi immediatamente Giovanni Paolo II. Non voglio dire che io abbia visto davvero, in un sogno "spirituale", Karol, ma certamente mi ha aiutata a risalire e a ritrovare, lentamente, me stessa e il coraggio di tornare a Roma dalla mia famiglia, lasciando "il milanese".
Tornata da Milano, dovetti iniziare una psicoterapia. Ero arrivata a pesare 36 kg ma non per anoressia. Soffrivo di una paura che prende il nome di "anginofobia" e non riuscivo più a mangiare normalmente né serenamente per paura di soffocarmi col cibo.
Fu un periodo di rinascita ma, al tempo stesso, le ferite interiori sanguinavano di disperazione. Mi trovavo bene con il mio

psicoterapeuta. Mi iscrissi pure alla facoltà di psicologia, sebbene con tre anni di ritardo rispetto ai miei colleghi.
In parallelo conobbi un ragazzo che aveva sette anni più di me, io ne avevo ventitré. Ci incontrammo spesso per circa due mesi. Lo conobbi nel novembre del 2007. Gli raccontai tutta la mia esperienza, era la prima persona, esterna alla famiglia, a cui raccontavo tutta la mia brutta esperienza. Mi sentivo fragile, indifesa. Ero lentissima nel mangiare e mi vergognavo ad andare alle cene. Tutti mi dicevano che ero troppo magra e mi guardavano con sospetto. Ogni battuta, ogni occhiata, erano pugnalate. Lui, però, era la mia allegria: ridevamo sempre. Mi fece anche un regalo per Natale. Sul biglietto scrisse: *"Sei l'emozione più bella di questo Natale. Tanti auguri. Che sia un anno pieno di successi e soddisfazioni per te e - perché no? - anche per noi due"*. Però poi decise di lasciarmi nel gennaio del 2008. Ero troppo piccola per lui.
Soffrii enormemente. Fu il colpo finale. Per due o tre giorni, precedenti al mio primo esame, rimasi come un vegetale nel letto. Piangevo e basta, oppure fissavo il soffitto.
Il mio cagnolino mi stava vicino acciambellato sul cuore, non si muoveva nemmeno lui. Mia madre in quei giorni, mentre mi incoraggiava a fare l'esame, pronta ad accettare anche che non lo dessi per quanto fosse il primo, mi mise al collo la Medaglia Miracolosa. Ne fui felice e, seppure ancora un po' dura nel capire, non riuscivo più a toglierla; la tenevo volentieri e non volevo levarla per nessuna ragione.
Non la sentivo come un talismano, era per me proprio una presenza, una compagnia.
Ancora oggi la tocco continuamente, come una bambina che se ne sta aggrappata alla gonna della mamma.
Ero molto sola, avevo perso tutti i contatti e faticavo a crearmi nuove amicizie. Una notte piangevo, mi "sanguinavano" dentro l'enorme senso di vuoto e la solitudine che bucava il mio cuore.

Piangendo, d'istinto, iniziai a invocare il Suo nome, Gesù. Gli dissi: *"Gesù, è troppo. Ho sofferto troppo. Non ce la faccio più. Per favore, levami questa sofferenza"*. E mica ci avevo pensato, nella piccolezza del mio dolore di umana, a quanto Lui avesse sofferto per me e per noi! Ma proprio in quel momento, per quanto fossi completamente sotto le coperte, iniziai a sentirmi l'anima più leggera. Mi sentii come avvolta da dolcezza e amore e serenità. Mi sentii amata! E provai una pace indescrivibile.

Mi sentii così alleviata che iniziai a ridere. Provavo una gioia vera, autentica, buona. Una mia cara amica, quando glielo raccontai, mi disse: *"Hai avuto l'abbraccio del Signore!"*.

Al mattino mi svegliai serena, felice. Una pace immensa mi sosteneva il cuore. Iniziai a leggere il Vangelo e la Bibbia, spesso più volte al giorno. Mi riempiva. Ero totalmente aperta alla Sua Parola ed era il momento in cui mi sentivo bene con ogni parte di me stessa. Decisi dunque di seguire il corso per ricevere la Cresima.

Questa è la mia esperienza. Per farne comprendere meglio il senso ne ho raccontato tutte le tappe cruciali; spero di essere riuscita a trasmetterlo. Oggi recito il Rosario tutti i giorni, mi sono consacrata alla Madonna, ho anche una Rubrica dove segno tutti i nomi delle persone per cui pregare. Sono molto devota anche a San Michele Arcangelo e all'Angelo Custode. E ogni volta che partecipo all'Adorazione Eucaristica scoppio a piangere di gioia e commozione perché sento la sensazione che Lui mi regalò quella sera. Lui mi tocca il cuore. E' nel cuore che incontro e ritrovo Gesù. Dal 23 Febbraio 2009 sono anche felicemente fidanzata (ad oggi sono quattro anni) con un ragazzo che mi dà molto amore, dedizione e serenità. Ci completiamo e siamo complici. Progettiamo di sposarci e stiamo per costruire una casa dove vivere e portare avanti una famiglia nel nome del Signore. Sono molto cambiata, prima mi vestivo sempre con colori scuri e mi truccavo di nero. Ora amo tutto ciò che dà luce, colori e creatività. Mi piace ridere. Mi piacciono le storie belle. La vita non è sempre rose e fiori ma ora mi sento sempre guidata e protetta. Mi piace Dio. Amo Dio.

Ilary

ALESSIA scrive:

Credevo di conoscere Dio e Gesù da sempre.

In quel periodo stavo attraversando un momento molto buio; avevo peccato, mi ero macchiata di un peccato che mi lacerava l'anima e mi faceva sentire talmente sporca e oppressa, dal senso di colpa, che non sapevo né perdonarmi né come fare per farmi perdonare da DIO…o forse ero sicura che bastava parlare con Lui, nelle mie quattro mura, perché mi perdonasse e mi assolvesse, ma non era così… stavo sempre peggio, il peso di quella colpa mi schiacciava.
Un giorno decisi di confidarmi con qualcuno, forse anche per alleggerire il mio dolore dividendolo con altri.
La cosa strana fu, che mi confidai con una donna che poco conoscevo; non sapeva quasi nulla di me, eppure qualcosa di più grande della mia volontà mi fece scegliere questa persona per parlare di tutto ciò che avevo fatto per rendere la mia anima sporca e impura; della sofferenza interiore che questa azione mi procurava, ciò che avevo passato e che ancora stavo vivendo. Lei ascoltò tutto in silenzio (tra l'altro le confessai tutto per telefono, quindi ero più serena non avendo l'imbarazzo di guardarla negli occhi), alla fine della telefonata fu subito chiaro che mi aveva capita e non giudicata, anzi… non sapevo che, con lo scorrere dei giorni, mi avrebbe aiutata sempre di più con le sue parole e i suoi consigli ad uscire da quel tunnel buio nel quale, ogni giorno, sprofondavo sempre di più.
Posso dire ora, a distanza di quattro mesi, che lei mi è stata mandata da Gesù, perché altra spiegazione non esiste.

Le sue parole, i suoi suggerimenti, il suo aiuto, il suo starmi vicina mi hanno fatto capire che credevo, avevo sì fede ma nel modo sbagliato, insomma sbagliavo il mio approccio con LUI. Davo troppe cose per scontate. È stata lei a spiegarmi, a farmi capire l'importanza del Sacramento, della riconciliazione con Dio. Erano dodici anni che non andavo da un parroco per confessare i miei sbagli, i miei peccati, quindi non ricevevo mai il perdono superiore, facevo la Confessione "fai da te", cercavo di perdonarmi da sola. Il suo aiuto è stato un grande Miracolo in quel momento buio, come è un Miracolo la preghiera che mi ha consigliato di recitare.
Sempre dietro suo consiglio ho cominciato a recitare da poco il Rosario della Liberazione. Ora grazie a lei, che umilmente mi ha insegnato cos'è la Confessione, sono andata davanti al confessionale, mi sono confessata, ho portato sotto la Croce i miei peccati. Recitando poi questa preghiera giornalmente, ho cominciato a vedere la luce in fondo al tunnel.
Sto ascoltando testimonianze e ricominciando a rivalutarmi, a non sentirmi più oppressa da sensi di colpa: DIO PADRE mi ha perdonata, mi ha richiamata a Sé, facendomi capire che Lo cercavo ma lo facevo nel modo sbagliato.
Mi accorgo di aver sempre vissuto nella Sua consapevolezza ma non con LUI. Nonostante tutto, però, non mi ha abbandonata, si è servito di un "angelo" per arrivare a me, al mio cuore e ad aprirmi gli occhi per vedere ciò che non vedevo.
Grazie Signore, spero di non sbagliare mai più, ma se accadesse ora ho la certezza che tu sapresti arrivare a me per salvarmi.
Gloria a DIO.

ALESSIA

CARLA scrive:

Da bambina amavo Gesù come fosse sempre lì con me e ne ero veramente felice. Crescendo, le vicende della vita mi hanno portata ad una fase di allontanamento e ribellione, anche se poi, ragionandoci su, mi sono resa conto che, in realtà, sfogavo su Gesù la ribellione e l'allontanamento che mi venivano causati da altre persone. Devo dire, nonostante tutto, che Lui non mi aveva mai lasciata ma mi teneva per un capello. Ero arrivata a bestemmiare (mi faccio schifo per ciò, ma ho capito che era l'unico modo per tappare la bocca a qualcuno quando iniziava a tediarmi … bestemmiarle in faccia era per me l'unico modo per bloccarla) ma non riuscivo a dormire senza aver fatto il segno di croce e detto le mie preghiere, magari svogliatamente, magari di fretta… ma dovevo.
Un giorno, nel 1998, vidi in tv un programma con un'intervista a Mons. Emanuel Milingo, in quel momento non sapevo chi fosse, ma mi colpì. Sentivo il desiderio di partecipare ad una Messa o ad un incontro di Catechesi e preghiera presenziate da lui, ma non ne riuscivo a capirne il perché. Non era per chiedere una grazia, un miracolo o per pura curiosità, sentivo solo di DOVERCI andare, ma non sapendo né dove né come si tenevano questi incontri mi dissi: "*Vabbè, questa è una delle tante cose che vorrei fare ma che non è possibile realizzarla*".
Non dico quanto rimasi stupita, quando dopo un paio di mesi mia sorella mi disse che aveva un'amica che andava a degli incontri a Brescia. Mi disse che non sapeva come erano e cosa si faceva. Da notare che non andavamo a nessun incontro di preghiera e non eravamo le cattoliche praticanti da prendere come esempio.

L'amica doveva portarci la figlia, io le dissi di tenermi informata e finì lì per il momento. Una settimana dopo mia sorella mi disse che a presiedere gli incontri era Mons. Emanuel Milingo, dico: *maaaaaaaaaa che caso, ma che caso!* Quando mi disse ciò, urlai: *"Io vengooooooooooooo"*.
Non mi sembrava possibile, una coincidenza troppo strana. Fatto sta che ci organizzammo e andammo. Ringrazio Dio per questo, per quella esperienza stupenda; ricordo che se qualcuno mi avesse chiesto delle cose che succedevano attorno a noi in quel giorno, non avrei saputo rispondere, ero troppo presa dalla catechesi e dalla preghiera. Per la prima volta quel giorno sentii Gesù, Dio vivo e presente e tutto il Suo amore che sentivo da piccola.
Da quel giorno iniziai un cammino di Fede, non sempre facile, non sempre dritto, ma ricordo quanta forza ricevevo.
Dopo la caduta di Monsignore fu un brutto colpo, anche perché chi frequentava le sue celebrazioni era visto come un povero scemo che va dove c'è spettacolo. Noi continuammo lo stesso, certo ci mancano quegli incontri mensili dai quali, dopo un'intera giornata di preghiera e canti in un posto che d'estate si soffocava dal caldo e in inverno si gelava, ma senza che ce ne rendessimo nemmeno conto, ritornavamo a casa cantando e gioendo cariche come matte. E grazie a quegli incontri ho conosciuto sacerdoti e persone che ora mi guidano e che mi aiutano nella preghiera, e malgrado me ne siano capitate e me ne capitano di tutti i colori, anche se ogni tanto litigo ancora con Gesù ma non come prima, sento che non mi lascerà mai e che mi ha dato tanto, tante Grazie, e tanto, tanto, amore.

Carla Gilardi

EGIDIO scrive:

Io non sono mai stato un fervente cattolico; diciamo che ero uno di quelli che dicono: "*sono cattolico ma non credo nei preti e non vado in Chiesa*". Una scusa puerile, sciocca, per nascondere la mia pigrizia nella preghiera e la mancanza di vera fede.

E' andata avanti così per anni, tra alti e bassi nella mia Fede, con momenti di profonda devozione, che mi ha portato a visitare Santuari come Lourdes e S. Giovanni Rotondo, a pregare sulla tomba di Padre Pio, e momenti di distacco e allontanamento dalla Chiesa in maniera polemica e insofferente verso il Sacro, per i momenti difficili che attraversavo in quel momento.

Ma avevo sempre un senso di inquietudine, mi mancava qualcosa: la pace nel cuore; non c'entrava più il lavoro o la famiglia, ciò che mi mancava era qualcosa che desse un senso profondo alla mia vita. Qualcosa di spirituale.

Anche la frequentazione dei gruppi di preghiera non colmava quel senso di vuoto. Pregare era solo, malgrado i miei sforzi, un ripetere formule imparate da piccolo.

Una cara amica, Lilli, responsabile del nostro gruppo, ci invitava sempre a "pregare col cuore", cosa che mi riusciva difficile. Poi, l'anno scorso, sono andato in pellegrinaggio a Medjugorje; pur essendo invalido, con mia meraviglia, sono salito senza difficoltà sulla Collina delle Apparizioni, mi sono inginocchiato ai piedi della statua della nostra MAMMA Celeste e finalmente si è sciolta quella scorza dura che copriva il mio cuore. Ho partecipato a tutte le Funzioni Sacre e davanti alla casa di Vicka ho assistito al fenomeno del sole; ma non è stato quel fenomeno a risvegliare in me la VERA Fede, ma la consapevolezza di essere alla presenza della nostra dolcissima MAMMINA, che mi portava per mano presso il Suo adorabile Figlio GESU'. Ma ancora non mi sembrava di "pregare col cuore" e fermai Lilli nel corridoio dell'Hotel per chiederle un consiglio. La notte rimasi sveglio a lungo in preghiera, tanto che feci tardi per la colazione, ma avevo capito cosa significa pregare col cuore: *significa, mentre si prega, pensare esclusivamente a GESU' e MARIA, e anche se i pensieri ti distraggono preghi con più calma e preghi come se parlassi dolcemente con la tua mamma, sapendo che Lei è presente e ti sorride.*

Dopo tanti mesi sto aspettando con impazienza di ritornare a Medjugorje, e lo farò alla fine di Settembre.

Posso dire che finalmente ho trovato GESU', sempre presente nel mio cuore grazie all'amore materno di MARIA Santissima, che mi ha voluto a Medjugorje per farmi toccare con mano il Suo amore: ***"SE SAPESTE QUANTO VI AMO, PIANGERESTE DI GIOIA"*** e quanto ci ama il Suo Figlio, che ci aspetta a braccia aperte pronto a stringerci al Suo Cuore.

Ecco, così ho conosciuto GESU', io L'ho incontrato così......

Egidio

ELENA scrive:

Quello che sto per scrivere è una vicenda della mia vita remota, risale a più di quaranta anni fa. Non ricordo nessun periodo della mia vita senza la presenza del Volto di Dio.
L'ho conosciuto da sempre, però in maniera superficiale, non ne avevo sentito mai la mancanza. Quando ciò avvenne ero una giovane donna provata da tanti dolori morali.
Una volta tutto era peccato: gli abiti si portavano alla caviglia,
i gomiti erano coperti, il velo bellissimo copriva i capelli lucenti, il profilo di ogni donna allora ricordava, nella penombra delle Chiese, tra le colonne, il volto incorniciato dal leggero velo di Maria. Ecco, ero così, ero cresciuta così!
Ero sposata, avevo due figli, le vicissitudini non le racconto, mi ero presa la responsabilità di tutto, dei figli e di tutto quel che comporta questo nuovo stato. Mi incolpavo di ogni cosa, poi dopo il divorzio finì anche la Chiesa. A quei tempi ci entravo in punta di piedi, quando era vuota, con il peccato attaccato alla pelle senza aver fatto niente. Mi ero ribellata, era una pretesa per una donna essere rispettata, amata dello stesso amore che davo io. Non era possibile ricevere i Sacramenti, un po' come oggi, solo che allora era tutto più sofferto e amplificato. Di donne divorziata ce ne erano pochissime, e chi lo era veniva marchiata, considerata preda facile.
Ho lasciato sempre il lavoro con gravi conseguenze, specie quando qualcuno mi veniva addosso infastidendomi pesantemente. Oggi è tutto facile, non era così allora; oggi si lascia e si prende, si convive, tutto è possibile...vai a letto con chi

vuoi da subito, tutto è consentito, poi torni dai figli, nella famiglia divisa.
Sono andata avanti così per anni, ho disegnato a grandi linee la mia vita difficile, non ci sono parole, ci si sentiva soli in mezzo a tantissima gente. Quello che mi mancava non era l'amore degli uomini, da quel lato ero come morta. Quello che mi faceva più male era l'allontanamento dei figli da Dio e dalla Chiesa per l'errore commesso. Mi sentivo ripudiata, allontanata. Che succede? Che si desidera riprendere i Sacramenti con tutta la propria forza ma non si può!
Qualche volta, nascosta dietro alle colonne, seguivo la Santa Messa, al momento della Comunione soffrivo tanto. Mi faceva star male il non potermi presentare davanti all'altare.
Arrivò il giorno del dolore, del distacco, quando i miei genitori e un mio fratello più giovane, in poco tempo, lasciarono questo mondo. Tra una degenza e l'altra ebbi modo di parlare con un sacerdote santo, dal cuore d'oro. Passai quasi un anno in ospedale! Mancavano due mesi alla Pasqua, un giorno mi chiese se desideravo prendere l'Eucarestia, mi sentivo bruciare gli occhi, non sapevo se era fuoco oppure lacrime ciò che scendeva lungo il mio viso, erano passati vent'anni dall'ultima volta. Per poter ricevere i Sacramenti dovevo essere libera da ogni legame.
Quando rimasi ormai da sola, (i figli avevano preso la loro strada) feci un nuovo incontro che mi portò nuovamente al matrimonio.
Per la Chiesa eri una fuorilegge, i Sacramenti mi erano negati;
per averli dovevi vivere da sola.
La scelta era questa: abbandonare tutto, trovarmi un posto dove vivere e lavorare, crearmi un nuovo mondo e un nuovo stile di vita.

Non voglio parlare della vita fatta fino a quel momento. (volevo fortemente quel che avevo trovato di nuovo sulla strada della vita, la pace che mi avrebbe sicuramente dato sarebbe stato un immenso dono.) Il tempo passava in fretta, mancava un mese per la Pasqua. Presi coraggio, qualcuno dal cielo mia avrà aiutata. Diedi in mano, a chi di dovere, ogni cosa. Liberai la mia vita, mi lasciai tutto alle spalle; la vita agiata e ogni altra cosa in cambio della libertà che ogni figlio di Dio dovrebbe avere!
Il giorno di Pasqua infine arrivò. Ricevetti una telefonata piena di gioia da una suora che mi ha aiutata, accompagnata con amore prima e dopo il mio ritorno; mi è rimasta amica fino alla sua morte. La voce al telefono mi disse:" Elena *vieni, ti aspettiamo in Chiesa alle 15,30, sarà soltanto per te!"*.
Mi recai all'appuntamento divino con una commozione profonda nel cuore, tremavo come una canna al vento; aprii la porta e cominciò il canto. Tutte le suore, con una voce dolcissima, fecero festa alla pecorella smarrita!
Era la prima volta che vivevo la Messa veramente, sentivo il pane diventare carne e il vino sangue; ci fu un connubio profondo tra me e Lui...Fu una Messa sentita nell'anima per tutti, ci furono lacrime, sorrisi, abbracci, baci, un pezzetto di vero Paradiso!
Da quel giorno, ormai lontano, non ho lasciato più Gesù solo nel Tabernacolo. Di Chiese ne è pieno il mondo, ci metti un attimo anche per un breve saluto!
Questa è la mia storia, dovreste sentire sottopelle la commozione di questa dolce, dura esperienza; si dovrebbero leggere tra le righe le tante parole non dette!

Elena Stella

DANIELA scrive:

Dio

Apri, spalanca le porte
del tuo cuore,
Egli attende di entrare.
Non dire non esiste,
non dare a Lui
la colpa dei tuoi
insuccessi.
Lui, ti ha sempre cercato,
E' lì ad attendere
che tu ti accorga
della Sua presenza.
Per incontrarlo
non serve molto,
basta cercarlo...
Il fumo sarà dissolto.
Se vuoi,
rimani nel tuo buio...
Liberi di scegliere
la strada da percorrere,
buio della menzogna,
luce nella verità.

Daniela Straccamore

PATTY scrive:

…E comincia così la mia storia da credente.

Da piccoli siamo stati sempre a conoscenza di Dio per quello che potevano insegnarci i nostri genitori e la dottrina che abbiamo seguito per la Santa Comunione e la Cresima.
Spesso capita che per un po' per pigrizia, che sinceramente in altro modo non saprei spiegare, ci si allontana dalla Chiesa e dalla parola del Signore, io sono una di quelle.
La mia vita non è mai stata facile. Già da piccola avevo dei problemi di salute, la scuola non terminata, i disagi della campagna e molte altre cose.
Pregavo Dio, non mi addormentavo se non dicevo le mie preghiere e chiedevo di aiutarmi.
Ho sofferto di anoressia, ho avuta una fase grave di depressione e da adolescente non è facile superare queste cose, soprattutto quando il mondo intorno a te corre veloce e lo vedi molto più forte di te e irraggiungibile.
Sono giunta alla maggiore età con tanti problemi di salute che mi hanno portata ad una vita quasi da reclusa; avevo un po' di vita sociale, nei primi tempi lavoravo per una piccola radio locale come speaker, ma si sa… niente dura per sempre.
Chiusa la radio perdo quel poco di vita sociale che avevo e quello svago che mi dava. Le mie poche amiche si sposano, così come mio fratello e mia sorella. La mia storia sentimentale con un ragazzo, dopo cinque anni, finisce.

Ero rimasta sola, mi sentivo vuota dentro e nessuno poteva farci niente, nemmeno i medici che oramai si erano abituati a vedermi in ospedale, ricoverata!

Ero arrivata al punto di essere controllata a vista per via della mia debolezza. I medici dissero a mia madre che se fossi andata avanti così non ce l'avrei fatta!

Io ero cosciente del mio stato ma non riuscivo ad uscirne fuori, tanto che pregavo sempre di più; solo quello mi era rimasto. Devo confessare che cominciavo a dubitare dell'esistenza di Dio, dicevo: *"Perché devo soffrire così, perché Signore non mi ascolti, la mia vita non ha senso!"*.

Avevo tanti sogni che non ho potuto realizzare, insomma ero giunta in un punto di non ritorno. Però quando tutto sembra spegnersi, una piccola speranza ricomincia a brillare dentro di me; infatti incontro colui che sarebbe diventato il mio convivente prima e poi marito.

Agli inizi non volevo saperne di storie sentimentali, quindi accettai di uscire con lui solo da amici, ma poi tutto è cambiato perché l'amore ha fatto la sua parte.

La nostra è una bellissima storia ma non semplice; lui è divorziato con un figlio ed io ho continuato ad avere i miei problemi di salute. Nonostante ciò, abbiamo comunque scelto di convivere.

Sono stata da subito costretta ad affrontare, oltre alle varie operazioni fatte da ragazza, un'operazione per cisti alle ovaie; dopo, comunque, sono rimasta incinta di quello che sarebbe stato il mio primogenito. Per me era un vero Miracolo, non avrei mai pensato di avere un uomo e tantomeno un figlio.

Ho pensato che Dio mi avesse benedetta, ma presto questa gioia è divenuta l'incubo della mia vita.

Durante la gravidanza sono stata ricoverata in ospedale per la mia solita emicrania con aura, ma questa volta era più forte del solito, tanto che sono stata come in coma per due giorni, poi mi sono ripresa e sono stata dimessa. Lì, in ospedale, ho contratto il virus della varicella, per un mese mi sono sentita un mostro per via delle tante bolle.

A Novembre ho fatto una visita ginecologica per paura che la varicella potesse creare problemi al bambino, ma tutto andava per il meglio secondo i dottori, tanto da dirmi di ritornare il 29 Dicembre. Poi, però, la tragica notizia!

La ginecologa mi dice: "*Signora, non c'è più' battito, suo figlio è morto ed è già in fase di riassorbimento*".

In un attimo non ho capito più nulla, il terreno mi è venuto a mancare sotto ai piedi.

Il 30 Dicembre mi sono recata in ospedale per partorire, insieme al mio compagno; insomma, come si dice in gergo ospedaliero, ho espulso il feto in una bacinella. Credo che al mondo non esista dolore più grande. Mi sono sentita svuotata nel corpo e nell'anima. Non ho potuto neppure vedere mio figlio, non c'era più!

In tanti mi hanno detto che è giusto così, visto il mio precedente con la varicella, ma quello era mio figlio!

Da questo momento inizia il mio calvario; ho iniziato a sentirmi in colpa per non avergli dato una sepoltura, ma i medici mi avevano detto che non ce n'era di bisogno, un feto non va seppellito. Insomma varie spiegazioni che non ricordo nemmeno dato il mio stato psicologico.

Nonostante le varie rassicurazioni il mio dolore è cresciuto fino a divenire la mia croce, il mio calvario.

Pian piano Il senso di colpa mi attanaglia l'anima e il mio pianto non si arresta neppure di notte. Prego il mio piccolino affinché mi perdoni, ma soprattutto chiedo a Dio di liberarmi da questa pena che ogni giorno mi uccide.
Le cose vanno sempre peggio anche dopo la nascita del mio secondo figlio. Spesso mi trova a piangere e ciò rattrista anche lui. Non passa giorno che non chiedo a DIO di aiutarmi, ma credo che non mi ascolti!
Un giorno, però, qualcosa cambia in me, finalmente Dio sembra ascoltarmi. Una mia cara amica mi parla di un frate che celebra delle messe di benedizioni, liberazione e guarigione. Convinta dalle sue parole vado ad assistere.
La cosa che mi ha colpito di più, è stata il sentire, durante le preghiere e i canti, la presenza di Dio, di Gesù. (Era come averlo accanto che Ti tocca con mano) Non so come spiegare, ma non appena mi sono messa a pregare, ero come assorta e stranita, tanto che ho pensato tra me e me: *"Chi sono io per meritare che Dio mi ascolti, chissà quante di queste persone ne hanno più bisogno di me."*. Ma Dio deve aver sentito il peso nel cuore e nell'anima.
Amici vi giuro, durante una preghiera ho sentito come se qualcuno toccasse il mio cuore. L'emozione più forte è stata quando il frate, nel pronunciare le guarigioni avvenute, sembrava parlare con me.
Il Signore stava cancellando la pena che mi annientava l'esistenza. Il frate nel frattempo diceva: *"Il Signore ti sta liberando dalla tua sofferenza per il feto di tuo figlio che hai perso. Il Signore vede nel tuo cuore e questa sera ti libererà"*.
Un pianto questa volta non di disperazione o tristezza è venuto fuori dai miei occhi, un pianto liberatorio che non riuscivo a fermare. Non so quanto ho pianto o per quanto tempo io l'abbia

fatto, ma finalmente dopo tutto quel tempo, ho incontrato la misericordia di Dio.
Era lì nel mio cuore a confortarmi e a cancellare il mio dolore.
Dopo quel giorno non ho più pianto per il mio bambino e finalmente il mio animo si è liberato da un dolore indescrivibile e anche il mio piccolino ha potuto trovare finalmente la sua pace.
Questo frate è Padre Roberto.

Dio è grande ed esiste, basta cercarlo nel cuore e in ogni cosa, perché Lui è sempre con noi. Siamo noi che dobbiamo sentirLo, ma solo con la rassegnazione, l'amore e con la semplicità nel cuore lo possiamo vedere...viva DIO!

Io L'ho incontrato quella sera……

Patty

GIANNI scrive:

Da tanti anni, ormai, di sera, al mio paese, QUEL VENERDÌ, ogni lampadina si oscurava. Ai lati di alcune strade ardevano, alternate, piccole lanterne, a fuoco vivo. La gente non parlava... sussurrava... come se avesse la sensazione d'essere all'interno d'una immensa chiesa. Quella sera c'ero anch'io, mischiato in mezzo a tanta folla. Il mio sguardo vagava fra la gente. La mia mente era piena di domande. Le mie labbra erano serrate. Giungevano al mio udito... a tratti... le note ed il canto di una sacra musica. <MISERERE> era la parola che con più frequenza sembrava perforare i miei timpani. Sempre con più forza... con l'avvicinarsi di quel coro. Lo vidi. Erano in tanti. Giovani, vestiti con abiti scuri, stringendo fra le mani strumenti musicali, aprivano la sfilata, al centro della strada. Seguivano, immediatamente dietro, altre persone, di ogni età, vestite in nero... le donne con un velo, anch'esso nero, avvolto sui capelli.

Eccoli fermarsi.

Un ragazzo, avanti a tutti i musicanti, si fermò. Si voltò all'indietro. Alzò un braccio. Lo tenne fermo per un po', e, abbassandolo, diede il via ad una musica Divina.
Quella musica, che prima sentivo in lontananza, s'impadronì dell'intera folla, delle mura ai lati della strada, del selciato sotto i piedi di noi tutti.
<MISERERE> fu la prima parola che uscì dalle tante bocche che

seguivano i musicanti. Un brivido s'impadronì di tutte le mie membra. Rimasi immobile a veder sfilare musici e cantanti. Poi... poca era la distanza... una bara, ricoperta d'un velo bianco, con la statua del corpo di Cristo, disteso... insanguinato... immerso nella MORTE, mi passò davanti. Seguiva... in piedi... un bianco fazzoletto fra le mani tese verso il figlio... MARIA... col suo volto addolorato.

Non udii più niente. La folla s'affilò dietro il corteo. Ed io restai immobile, vicino ad uno di quei lampioni che ardevano ancora a fuoco vivo. Poi, mi allontanai. Raggiunsi una panchina isolata. Mi sedetti... e ripensai a quella poesia che avevo scritto... non ricordo quando. E la recitai a me stesso... a voce sommessa.

QUEL VENERDÌ

Oggi è Venerdì
Come quel giorno
Che poi fu chiamato
Santo
E come ogni anno
Cristo è in croce
A spirare al cielo
Il Suo ultimo respiro
Oggi muoio anch'io
Fra tre giorni
Cristo rivivrà
Io no

Eterna sarà
La Sua novella vita
Fra alme beate
Nel regno dei cieli
La mia
No
Vita più non sarà
Ma solo putrida carne
Che
Frammista a terra
Marcirà in questo mondo
Appetita preda
Di voraci vermi

Cercai di darle un senso... ma essa mi appariva sempre più lontana. La vita non poteva avere quel senso che la mia poesia metteva in conclusione. No. Così, come essa, un tempo, da me pensata, non avrebbe avuto alcun significato. Non è possibile che su questo mondo ci si passi senza una ragione. No.
Cristo non sarebbe nato. Non avrebbe detto le cose che ha detto. Non avrebbe vissuto la Sua vita così come l'ha vissuta.
Il Suo ricordo non avrebbe attraversato i secoli entrando nei cuori di miliardi di persone. No.
E... quella sera... anch'io ho INCONTRATO CRISTO.

FABYENNEE scrive:

Io m'interrogo spesso e mi chiedo: *"Esisti?"*. In certi momenti sento che c'E', in altri no. Quando vedo questo mondo fatto di cattiverie, di violenze, di bambini che muoiono per opera dell'uomo o per malattia, Lui dov'è? Perché permette tutto questo? Direte voi: *"non è Lui che lo permette"*. Ok, ma allora perché non fa qualcosa affinché la mano dell'uomo non commetta più questi orrori?
A questo punto penso di non averLo ancora incontrato, aspetto quel giorno, aspetto un segnale.

Fabyennee L Etoile

ADDIS scrive:

Rompendo il silenzio che mi sono imposta su Facebook per questa Settimana di Pasqua, vi racconto questo:

Accasciato ad un angolo della strada, chino sul cartone di vino ormai vuoto, i capelli sudici, le vesti logore, lo sguardo vuoto perso nei fumi dell'alcol, eppure io Lo vedo. Con lui è Cristo, con lui la Croce. Facile dire è un ubriacone! E' un uomo ai margini...ma è un uomo. Chi soffre, in ogni forma fisica e mentale, ha diritto e bisogno della nostra pietà, non pena, ma comprensione, misericordia. Gesù frequentava gli ultimi!

Uomo ai margini

Hai staccato la spina
e hai chiuso la trasmissione
con la vita
fantasma
ti vedo tra la gente
perso
in sogni di bambino
segui farfalle trasparenti
parlando con l'aria
e con essa
confondi il tuo respiro.
Compagna di cammino
stretta nella mano

guardingo nascondi
la tua schiavitù.
E mentre ancora
ti togli lucidità
senti quel calore
dimentico
della tua miseria
e ti accucci
nel sonno.
Poi il gelo
spegnerà i tuoi sogni
e la tua vita
si consumerà
sulla panchina
tra sguardi sfuggenti
d'indifferenza:
nessuna pietà
per un uomo
ai margini
neanche una preghiera.
Solo il vento
accompagnerà
la tua anima
che segreta
avevi celato al mondo
come unica ricchezza
da proteggere.

Sarai Tu... Signore

Cos'è Signore

il mio peccato
se non la
dimenticanza di me stesso.
Quel camminare
cieco
che mi impedisce
di vederti.
Quel sentire
sordo
che mi nega
la Tua voce
e la mia arroganza
che mi chiude
al Tuo abbraccio.
Sarai Tu, Signore,
il muratore
che dovrà abbattere
il muro di ostinazione
che mi cinge
perché io
ho poca forza
ma so di avere
bisogno di Te.
Sarai Tu
il capitano
che lanciandomi
la scialuppa
mi salverai
da quel mare di

tormento
nel quale navigo
perché ho spento il faro.
Sarai ancora Tu,
guardiano del faro,
che riaccenderai
la fiamma della mia fede,
perché Tu, Signore,
ami ogni Tua creatura
e come
un ricercatore d'oro
sai distinguere
tra i sassi
ogni piccola pagliuzza
preziosa ai Tuoi occhi.

Addis Marinella

DANIELA scrive:

Solo tu

Con te nel cuore è stato come uscire da una lunga e tortuosa galleria buia e piena di nebbia. Alla sua uscita c'eri Tu che mi hai preso per mano. Eri pieno di luce accecante, la luce del Tuo infinito amore che riversi verso noi.
Grazie Signore, grazie Gesù, Tu cercavi me, io cercavo Te.
Ora ci siamo trovati e non ci lasceremo più. Sarò per Te pietra viva del Tuo Vangelo e della Tua parola perché solo Tu sei l'immenso....

Tratto da: Solo tu

Daniela Straccamore

FRANCESCA scrive:

Avevo dodici anni, un'adolescente come tante. Un giorno chiesi il permesso ai miei genitori di andare in cartoleria a comprare dei pennelli e delle tele (Avevo il pallino della pittura), la mia insegnante di artistica mi incoraggiava a colorare, a disegnare, a dipingere, perché ero abbastanza brava. La cartoleria che forniva questo tipo di materiale si trovava lontana da casa, così i miei genitori mi affidarono alla figlia di una coppia di amici di famiglia. Ricordo ancora l'emozione di camminare per la città con una ragazza di venti anni che, alla mia età consideravo grande, adulta, a mia volta mi sentivo importante, per la conquistata libertà (apparente) di movimento in mezzo alla città, con la conoscenza di nuove linee di bus, con la miriade di gente che potevo osservare.
Ebbene, arrivai alla cartoleria, comprai (con i miei risparmi) tre tele di diversa misura, una varia gamma di colori ad olio e vari pennelli di diverse dimensioni. Mary, così si chiamava la mia accompagnatrice, mi riaccompagnò alla fermata dell'autobus, da dove dovevo prendere quello che mi avrebbe riportato davanti casa mia. Ma, proprio lì davanti la fermata, mentre osservavo la gente, il mio sguardo si posò su una vecchietta che, con il suo bastone, con l'andatura zoppicante ed ingobbita, chiedeva l'elemosina. La guardavo mentre si avvicinava verso di me, avevo uno sguardo schifato, poiché già allora non mi piacevano le persone sporche o che non si guadagnavano i soldi lavorando. Poi la vecchietta si trovò accanto a me, l'avevo fissata per tutto il tempo, ma mano a mano che si avvicinava, il mio sguardo diventava sempre più compassionevole, ricordo che mi dicevo:

"Perché la sto giudicando?", mi chiedevo chi ero io per dare della sporca e della brutta a quella vecchietta, mi mortificavo per la mia superbia. Ebbene, la vecchietta mi mise in mano un santino, aspettò, mi frugai in tasca e tirai fuori le ultime Lire che avevo in tasca, gliele diedi.

La vecchietta sembrò che stesse per andarsene, poi mi guardò diritta negli occhi e mi disse: *"Tu ce la farai"*. Lo disse piano, ma con convinzione. Poi arrivò il bus, salii, trovai posto, mi sedetti e, così per caso, guardai e rigirai la Santina che mi ritrovavo in mano Era la Santina di Santa Rita da Cascia.

Lessi la preghiera che era scritta dietro. Era la Santa degli impossibili.

Ebbene, per tutto il resto della mia vita, Santa Rita Da Cascia, è parte della mia esistenza. Non vi è giorno che non La prego, non vi è giorno che mi esaudisce i desideri. Mi sono sempre interrogata sulle parole della vecchietta.

Oggi, a distanza di vari decenni, sto scoprendo cosa volevano dire le sue parole. Credo fortemente che Dio, abbia voluto darmi un messaggio attraverso gli occhi della vecchietta, che non ho mai dimenticato. Credo e confido in Lui, attraverso la preghiera di Santa Rita da Cascia ed attraverso il Rosario della
Divina Misericordia. Ho fede Voglio avere Fede.

Questa è la mia umile testimonianza.

Francesca

MARINELLA scrive:

Sono credente e non praticante, il mio credo è tra i poveri, gli umili, uno sguardo alla porta accanto mi appaga.
In questo mi sento vicina a Dio, mi "Spoglio" e scruto in fondo all'anima e lì Lo ritrovo, tuttavia non ho ancora avuto il modo di avvicinarmi veramente a Lui, spero che ciò si avveri, sento che Lui mi ama e vorrebbe conoscermi meglio. Spero che prima o poi questo avvenga!
Dopo la morte di mia madre ho ricevuto segnali, mentre lavavo i piatti assorta nei pensieri; ho sentito a chiare lettere la voce di mia madre che mi diceva: *"Io sto bene figlia mia"*.
Beh, che dire, la sua frase mi ha avvolta di gioia e di mistero, forse perché ignoro la vita che verrà dopo?

IN BALIA DEL VENTO

In balia del vento
la mia barca oscilla
il cielo diventa sempre
più scuro.
Enormi gocce di pioggia
caddero sulla superficie dell'acqua
la mia povera vela si agitava
con estrema violenza.
Il mare dava libero sfogo
al vento impetuoso,
quanta foschia e terrore attorno a me,
nemmeno un lembo di terra.

Un onda impetuosa
mi sbalzò fuori dalla barca
e credetti che per me
fosse finita!
Fissai l'orizzonte e pregai, pregai ...
Le forze stavano per abbandonarmi
quando vidi apparire un pescatore?
Un abilissimo uomo di mare?
Lui, il mio salvatore
mi fece sbarcare nell'isola
e fu così che cambiò
per sempre il mio arido cuore.

Marinella Manca

LUCIA scrive:

TU SEI NEI CUORI DEI GIOVANI
TU SEI IN OGNI CUORE CHE SOFFRE
TU SEI QUELLA SPERANZA
DI AVVICINARE L'ANIMA A DIO
SENTIMENTO D'AMORE CHE PULSA
AD ASCOLTARE LA TUA VOCE
GUARDANDO DENTRO ME..
LE MIE COLPE ...CHIEDO PERDONO
A DIO TRAMITE TE ...CARO ANGELO
CUSTODE AL MIO FIANCO SARAI
PER SEMPRE ...

In un luogo qualsiasi in Chiesa...
in quella fresca e silenziosa penombra...
trovo momenti di pace, il legno è duro
ma quando si è in ginocchio davanti a lei ...
tutte le paure svaniscono...
la memoria mi restituisce le parole
delle preghiere che recitavo da bambina,
Madonnina mia... quanto Sei bella!
chiedo un segno ...una Tua Grazia
per credere ad un Dio buono e a me stessa...

Lucia Noia Salerno

MARIA CRISTINA scrive:

Nella mia vita ho lottato in tutti i modi contro la solitudine del cuore e dell'anima; ho sempre perso le mie relazioni più importanti a cominciare da mia madre, che ci ha abbandonati da piccini e non c'è mai stata nella mia vita. Una presenza inesistente che appariva e scompariva a piacimento.
Il mio amore per la vita e la forza che avevo dentro mi hanno dato sempre il coraggio di ricominciare senza mai perdermi se non nella solitudine, che cercavo di non ascoltare.
Sono passati gli anni, sono diventata una donna, una mamma, una figlia che adorava suo padre, grande riferimento nella mia vita, grande contestatrice di tutte le convenzioni, della menzogna, della Chiesa, dei sacerdoti: io confessarmi? Mai!
A Messa? Quando ne avevo voglia, a Natale e Pasqua, e con la convinzione di avere Fede. Quattro anni fa perdo mio padre, mio fratello mi riversa addosso un odio indescrivibile di cui io non riesco ancora oggi a trovarne una ragione se non nell'avidità, non so, ma questo, e soprattutto il dovermi difendere da mio fratello, mi causava un enorme sofferenza, mio papà mi mancava, tanto! E mi avevano impedito di essergli accanto, per cui cominciai ad accudire la mamma di un caro amico, era un po' come fare per lei ciò che non avevo potuto fare per mio padre. Per quattro mesi dimenticai praticamente la mia vita e in quel periodo cominciai con questa signora a recitare l'Ave Maria, a pregare con lei. Poi da qualcuno sentii parlare di Medjugorje e senza sapere il perché di lì a poco, mi trovai sull' autobus che portava a Medjugorje, dove la mia vita è cominciata a cambiare, dove la mia anima mi accorgevo che non aveva più freddo, dove per qualche giorno ho sentito il

caldo abbraccio di Gesù e Maria e le brutte cose della mia vita sembravano scomparire, cosi quando sono rientrata a casa, tra le lacrime corsi a cercare un sacerdote per poter vuotare la mia anima, cercavo non so io cosa, ma cercai un sacerdote.
Ricordo ancora le sue parole: *"Figliola tu hai bisogno di fede! Vieni questa sera e ascolta, ascolta soltanto"*.
Da quella sera sono ormai passati tre anni, avevo iniziato il neocatecumenato ma ora sono nel Rinnovamento dello Spirito. Ascoltare la parola di Dio è per me un esigenza alla quale non voglio rinunciare, e così ora sono circondata di bravissimi sacerdoti che ero convinta non esistessero, mi Confesso regolarmente e vado a Messa quasi tutti i giorni.
Ecco questo è stato il capovolgimento della mia vita, i problemi ci sono sempre non sono cambiati o diminuiti, anzi! Però è cambiato il mio modo di affrontarli, il mio modo di vedere le persone, di considerare mio fratello e di provare a comprenderlo anche se devo difendermi, questa è la mia croce che affronto con Gesù e con Maria al mio fianco sempre.
Grazie Gesù perché se Maria non mi avesse ripresa e riportata a camminare sulle Tue vie non so cosa ne sarebbe stato di me, presa dall' angoscia e dalla solitudine che sono scomparse.

Lode e gloria a te o Signore

Maria Cristina Temperini

ROSANNA scrive:

Questa storia risale a cinquantatré anni fa.

Mio nonno Giuseppe mentre andava in piazza, cadde e si ferì una gamba. Questa ferita non guariva mai. Mio zio, che all'epoca lavorava in ospedale, lo fece visitare da parecchi medici, fino ad arrivare a Bari. Tutti dicevano di non preoccuparsi, con quella pomata che gli era stata prescritta, e con quelle medicazioni, sarebbe guarito, nulla di fatto invece, la gamba peggiorava sempre di più.
Un bel giorno mio padre fece visita al nonno in ospedale, gli comunicarono che lo avrebbero dimesso, poiché loro non potevano fare più nulla. Gli dissero:" Le *medicazioni potete farle anche a casa, e se volete salvare vostro padre, dobbiamo amputare la gamba".*
Dal giorno della caduta e dai continui ricoveri, erano passati diversi mesi, in parole povere la ferita emanava cattivo odore perché si era formato del pus, e man mano era andata in cancrena! Il mondo della mia famiglia crollò, ci fu una riunione tra di loro, così decisero di fare quell'intervento.
Chiamarono l'ospedale, ma non c'era posto per il ricovero, non appena fosse stato disponibile, certamente mio nonno sarebbe stato chiamato. Mio padre nel posto i lavoro da voci di corridoio, seppe che a San Giovanni Rotondo c'era un frate, e dicevano che faceva miracoli. Mio padre era molto scettico, ma anche ansioso di aiutare il genitore, così partirono e andarono insieme a San Giovanni Rotondo.
Mio nonno soffriva terribilmente e non riusciva a camminare. Arrivati lì quindi, lasciò il nonno alla stazione, e lui andò da solo,

questo frate era Padre Pio. La meraviglia fu che arrivato pensava di trovarsi da solo con Padre Pio, invece c'erano una ventina di fedeli venuti su appuntamento da ogni parte d'Italia. Lui non riusciva nemmeno a toccarlo, ma una forza dentro lui lo fece chinare e a carponi riuscì a toccare la sua veste, e con il pugno chiuso indietreggiò tornando dietro a tutta la fila; Padre Pio accortosi, lo fermò e gli disse che la sua fede lo avrebbe aiutato. Mio padre chinando il capo si allontanò e corse alla stazione dove il nonno spazientito lo aspettava.

Arrivò giusto in tempo per riprendere il treno per far ritorno a casa. Nel frattempo fece alzare al nonno la gamba del pantalone, scoperta la ferita e con la mano che poco prima aveva accarezzato la veste del frate, accarezzò ripetutamente la gamba del nonno! Durante il viaggio il nonno incominciò a grattarsi la gamba, mio padre lo rimproverava fino a quando spazientito gli bloccò le braccia, per farlo distogliere da quel pensiero ossessionante del prurito, si inventò un argomento. C'è di fatto che funzionò, e si grattò molto meno.

Giunti alla stazione della loro città, mio padre si dimenticò di aiutare il nonno a scendere dal treno, ma neanche il nonno chiese l'aiuto per farlo e si incamminarono per far ritorno a casa dimenticando anche il bastone sul treno. Arrivati a casa mia nonna lo fece mettere a letto, e mio padre raccontò tutta storia. Alla fine la nonna chiese *"E ora?"*. Aspettarono che si svegliò, attesero anche mio zio che di andò a fargli la solita medicazione, ma quando tolsero la garza, la ferita era diminuita e non puzzava più. Nel giro di una settimana guarì.

Furono chiamati dall'ospedale per l'intervento, ma al controllo i medici non riuscivano a capire cosa era successo, fecero tutti gli accertamenti ma non risultava più nulla, internamente era tutto a

posto e la cicatrice era una piccola cavità perfettamente guarita. Mio padre allora chiamò San Giovanni Rotondo, raccontò tutto a chi rispose e chiese come poteva sdebitarsi.
Il suo interlocutore gli disse di prendere qualcosa per i poveri. Papà essendo capo mugnaio gli portò scatoloni di pasta e sacchi di farina. La sorpresa fu quando arrivò a San Giovanni Rotondo, i frati stavano alla stazione ad aspettarlo senza che lui li avesse avvisati, Erano andati avvisati da Padre Pio che avrebbe ricevuto un dono!

Rosanna Quintano

MARIA ROSA scrive:

Ti ho cercato mio Dio, ti ho trovato così…

TI ho cercato sin da quando andavo al catechismo, Ti ho cercato nell'adolescenza, Ti cercavo durante le Omelie Quaresimali, nelle Novene di Natale. Ti cercavo quando in campagna alzando gli occhi al cielo Ti chiamavo. Diversi anni fa, mi trovai a casa di una amica a Torino insieme a mio marito. Quel giorno telefonò al parroco dicendo che per quel giorno non poteva andare a fare il Catechismo ai bambini, ebbi una fitta al cuore.
Io fino a quel momento cosa avevo dato al mio Signore? La mia amica pur avendo la famiglia da seguire, lavorava pure…era riuscita a dare un servizio anche alla Chiesa. Pregai ancora e continuai a cercarlo. Durante la Quaresima del Marzo 1990 segui la Catechesi rionale diretta dal parroco, la cosa cominciò ad interessarmi. La Domenica successiva ricordo che andai a confessarmi da Padre Renato, un missionario di Roma, mi benedì e mi incoraggiò. Mi sentii subito leggera e libera, quella sera stessa ricominciai a riprendere l'Eucarestia.
Nel settembre dello stesso anno guarda il caso, il parroco mi chiese se volevo fare il Catechismo, risposi subito di sì.
Mi affidò diciotto bambini, insieme ad un'altra ragazza mi inserì così a servizio della parrocchia. Non ero molto esperta, ma la comunità mi accolse e mi aiutò a trovare il mio Signore Gesù. Solo allora ho capito che Gesù già mi stava chiamando.
Mi chiamava quando mi trovai a casa dell'amica, mi accarezzava nei momenti di sconforto. Camminava con me, mi amava, e

operava su di me.
"Padre buono, tu hai mandato il tuo unico figlio Gesù per farci aiutare ad entrare nel tuo Regno. Ti ringrazio perché mi sta sempre accanto, mi consiglia, mi conforta".
Ora conosco la Sacra Scrittura, opero a livello diocesano, e ho frequentato l'Università Lateranense. Ora Gesù lo vedo in tutti i poveri, gli ammalati, negli anziani, negli occhi dei bambini, nelle persone semplici. A quelli della mia parrocchia mi sforzo di fare sempre del bene, per rallegrare il cuore di Dio e di Suo figlio Cristo Gesù.

Maria Rosa Di Donna
30/08/2013

LUCIANA scrive:

La mia vita era un baratro buio e profondo. Sapevo, mi avevano detto che esisteva Dio, ma io non Lo avevo mai cercato, a me non serviva, tutto quello che mi serviva era il mondo. Ero concentrata solo sul mondo. Mi rifiutavo di mangiare, mi vedevo sempre brutta, mi vedevo uno schifo. La mia vita si era fermata a sette anni prima, il mio obiettivo era solo quello di annientarmi. Non riuscivo a capirne il perché, odiavo me stessa, odiavo il mondo, ma allo stesso tempo prediligevo le cose che il mondo ci dava. Stavo molto male, stavo oramai a letto, non riuscivo nemmeno più a muovere le gambe malata di anoressia, era quasi oramai giunta la mia ora. La mia mamma pregava, ero un vegetale, non riuscivo più nemmeno a parlare, non ne avevo la forza. Un giorno venne a trovarmi una santa donna amica di famiglia, diceva a mia madre che c'era un'unica cosa da fare in quelle mie condizioni disperate. Voleva una mia foto da portare ad un sacerdote, un frate con un carisma eccezionale, riesce a capire anche tramite una foto, la situazione sia di salute che spirituale della persona che si trova davanti. A mia insaputa e d'accordo con mamma, portò la mia foto. Il frate le disse che mi stavano perdendo, dovevano portarmi da lui al più presto se ci riuscivano. L'amica lo riferì a mamma, come facevano a dirmelo? Si fece così coraggio, mi disse che avrebbe avuto piacere potermi portare con lei ad un incontro di preghiera carismatica a cui lei partecipava da diverso tempo, ci sarebbero stati anche tantissimi giovani. Questo incontro ci sarebbe stato tre giorni dopo.

Preghiera? Preti? Ma scherziamo? Per poco non me la mangiavo!!! Iniziai ad infierire contro di lei, contro i preti, contro il Papa…questi secondo me erano tutti pazzi, a me non serviva nulla, i preti a me facevano schifo da sempre. Che ci andassero loro pazzi esaltati a pregare, io stavo bene, avevo il Dio mondo. Nelle ore che seguirono, soprattutto di notte, mi sembrava di impazzire. Il giovedì stetti malissimo, vomitavo di continuo senza aver mangiato nulla, la testa era come un bombardamento, dolori allucinanti mai avuti prima, mi sembrava di udire una vocina non so di chi, che mi diceva *"Vai, vai…"* non capivo dove dovevo andare, mi incitava ad andare, ma dove? Ricordo la mattina prima dell'incontro, debolissima e stremata chiamai questa persona per sapere se ci fosse stato ancora posto per me per andare da questo frate. La mattina mi venne a prendere, salita sul pulmino ero come pietrificata. Per molti chilometri rimasi immobile, senza dire nulla con lo sguardo fisso nel vuoto, gli altri rimasero sconvolti nel vedermi in queste condizioni. Ad un tratto scoppiai a piangere disperatamente, ogni lacrima che mi usciva, era colma di dolore e infinita sofferenza, sembravano gocce roventi, lacrime che bruciavano come fiamme mentre mi scendevano sul viso. Mancavano circa 50 km all'arrivo, ad un certo punto chiesi se qualcuno di loro avesse per caso un Rosario. Nella mia vita non lo avevo mai preso in mano, non sapevo cosa fosse, a cosa serviva, come si faceva a recitarlo. Iniziai a recitare le Ave Maria. Arrivammo a destinazione, appena scesa mi persi dal gruppo. Entrai da sola, rimasi per circa cinque minuti a fissare tutta quella gente, tantissimi giovani, tanti giovani frati, tanti canti, erano canti carismatici. Il vedere tutta quella gioia, i visi gioiosi, la serenità nei loro volti…mi fece procedere, andai anche io tra loro. La mia accompagnatrice quando mi vide in mezzo a tutti questi canti, pensò che non ero io, io che non mi reggevo in piedi, io che non la smettevo di piangere fino a dieci minuti prima…io non ballavo, io non cantavo, io ero oramai un cadavere di donna che vegetava nel suo letto. Eppure ero io! Dal momento in cui presi tra le mani quel Santo Rosario, era come se qualcuno mi stesse abbracciando, avverti come un calore che mi avvolgeva di amore. Vedere ciò mi aprì l'anima, scomparvero tutte le mie sofferenze interiori, le forze che oramai non avevo più riapparvero come per miracolo. Quelle preghiere che ci furono quel giorno, mi ridiedero la vita. Tornando a casa non ero più io…il cambiamento ci fu da subito. Dal giorno successivo iniziai ad andare a Messa ogni giorno, io come appena detto odiavo i preti, dicevo che erano tutti dei grandi maiali. Odiavo chi credeva, ce l'avevo con tutti quelli che avevano a che fare con la Chiesa. Oggi invece per me i preti sono fondamentali, su come spiegano il Vangelo, oggi mi innamoro nell'ascoltarli, solo attraverso loro giunge a noi la voce di Gesù. Loro sono Gesù in terra, sono unti, sono consacrati, essi seguono le orme di Cristo, quindi se credi devi amare pure loro. Prima di allora mi si vedeva in qualche Chiesa solo per qualche Natale, qualche matrimonio. La confessione? Credo che l'ultima risalisse alla Prima Comunione e poi Cresima, io ero una di quelli che dicevo che i cavoli miei non li andavo a dire al prete, per me questa cosa della confessione era una grande stupidaggine, in seguito ho capito cosa era e la sua importanza. Confessarmi significa lavarmi dai peccati, non sono i preti che assolvono, dietro ad ogni sacerdote c'è Cristo che assolve, che perdona. Ieri i preti, Gesù, la Madonna, erano, li consideravo dei bambocci. Dio Padre lo invoco ogni giorno, ora Gesù, la Madre Celeste sono parte integrante della mia vita. Dio io lo tenevo chiuso nel cassetto, nel cassetto della mia camera, poi ho capito che non bisogna tenerlo rinchiuso, ma custodirlo, tenerlo vivo nel cuore, ci stava da sempre ma io accecata non lo avevo né visto, né avvertito. Qualsiasi cosa si voglia, ci si deve sempre rivolgere a Dio, nelle sue mani qualsiasi cosa buona per noi si compie. La vita precedente all'incontro con Gesù, era buia, la mia persona stava e doveva stare sempre in primo piano poiché avevo competizione nel dovermi relazionare con gli altri, il dovermi guardare e rimirare nello specchio cercando di poter sfoggiare tutte le mode del momento. Oggi dovendo fare una descrizione di Gesù? So che mi Sta ascoltando, la prima cosa che mi viene dal cuore, dalla mente è che so che Sta sempre con me. So che non mi abbandonerà mai, Sta alla mia destra pronto a prendermi la mano, sento sempre il Suo calore vicino a me. A volte, capita che se io parlo della mia Fede del mio Credere agli occhi del mondo, potrei sembrare una pazza.

Io parlo con Lui, faccio ogni giorno lunghi dialoghi. La prima cosa che dico ogni giorno è *"Grazie Gesù, grazie del Tuo amore, grazie per avermi rimesso in piedi, grazie per avermi liberato e ridato la vista, si, la vista."* Ero cieca nel non voler vedere, nel non voler cercare, nel non volermi abbandonare al Suo immenso amore. Nel baratro solo Lui può riuscire a ridarti la luce, a ridarti la vita. Un amore immenso per mia madre, nel silenzio pregava e soffriva per me, chiedo a mamma di perdonarmi per averla fatta soffrire, chiedo perdono alla Madre di Dio…perdono per non aver compreso quanto grande fosse il Loro amore per me. Ogni giorno lo consacro a Maria Regina della Pace. Tutto questo, questo Miracolo di conversione è avvenuto dopo il mio ingresso quel giorno là dove c'erano i canti carismatici. Egli aveva le mani tese verso me, mi stava aspettando…quel frate ha fatto da tramite con il mio incontro con Gesù……

Luciana

MARIA scrive:

Questa testimonianza viene dal più profondo del mio cuore, sento che devo farla a tutti i costi perché è il Signore Gesù che me lo chiede e mi sta spronando a farla. Fino a pochi mesi fa non sapevo chi era realmente Gesù e cosa volesse da noi. Provengo da un'umile famiglia dove a casa non ricordo un giorno di pace, mio padre grande bestemmiatore, mia madre vittima del marito. Penso che per lei la morte sia stata una liberazione. Per anni mi sono risentita contro Gesù perché mi aveva tolto mia madre...per me l'unico responsabile era Lui!

In casa quando si parlava di Chiese e di preti, mio padre e mio zio dicevano che i preti erano come i polli, non si saziavamo mai! Non si pregava, anzi, non ha mai pregato nessuno in casa mia, era tutta una discordia, sempre tutti contro tutti.

Mi sposo, forse per amore non so. Quello che sembrava un grande amore, si trasformò nell'incubo della mia vita.

A nessuno interessa la mia storia, sta di fatto che ben presto mi resi conto che non c'era nulla che fosse amore tra di me e mio marito. Dopo tanto scelsi la separazione, non c'erano uomini di mezzo, meglio sola che male accompagnata. Certo, non ero una persona che andava a Messa regolarmente, non ci andavo mai prima, figuriamoci dopo la separazione!

Il nostro prete se qualche volta, in rare circostanze mi incontrava mi guardava storto, almeno questa era la mia impressione. Il matrimonio è un Sacramento indissolubile, ma Dio dove era? Gesù vedeva cosa sopportavo e cosa ero costretta a subire durante il mio matrimonio?

Come una indiavolata di giorno imprecavo buttando giù tutto il calendario e di sera pregavo. Quante preghiere dicevo, ma nessuno le ascoltava, e poi tornavo a bestemmiare peggio di prima. Con la sofferenza nel cuore e nell'anima mi arrabbiavo sempre e solo con Gesù, per farla breve, mi arrabbiavo così tanto con Lui che alla fine facevo oltraggio con la bestemmia, e che bestemmie! Mi sentivo condannata senza appello dalla chiesa tutta, e la mia ribellione cresceva ancora di più contro Dio. Una cara amica spesso mi parlava dell'amore di Dio, Dio? Guai a nominarmelo, se voleva parlare con me, che lasciasse fuori Dio dai nostri discorsi, ero condannata senza appello, che voleva ancora da me questo suo Dio? Per me andare a dormire significava ogni sera una nuova morte nell'anima, mi sentivo la donna più sporca al mondo, peggio di una prostituta, almeno loro lo facevano per lavoro, avevano se non altro la loro dignità, cosa che io oramai non sapevo più cosa fosse! Tutti quegli abusi a cui dovevo sottostare, mi avevano distrutto ed annientato. Volevo suicidarmi, avevo già scelto il luogo e le modalità, mi avrebbero trovato almeno due mesi dopo…era l'unico modo rimasto per me poter venir fuori da questa melma. Si, ho detto bene, meglio la morte la che una vita da morta. Chissà, forse in quella circostanza il Signore volse su di me il suo sguardo e mi fece desistere dall'insano gesto. Una conoscente un giorno mi parlò di un sacerdote e mi consiglio di andare a farmi dare una benedizione, aveva letto nei miei occhi una profonda solitudine dell'anima, andai. Quando mi chiese di mio marito, gli dissi che ero sola, non avevo più marito in quanto separata. Mi chiese allora se ero nel peccato, se nella mia vita ci fossero altri uomini. Alla mia risposta no, mi disse di andare a Messa, Confessarmi e prendere l'Eucarestia che il Signore mi avrebbe aiutata.

Da tanti anni mai nessun uomo mi aveva sfiorato con un solo dito, stare nel peccato? Uscita da lì quasi arrabbiata, non sono andata a Messa, anzi, quasi mi rifiutavo, ma Dio dove stava quando avrei preso a coltellate mio marito? Dove stava quando con l'anima imploravo di morire pur di non subire quelle violenze fisiche e morali? Qualche tempo dopo venne una mia amica a trovarmi, e diceva che in casa c'era il diavolo. Spesso mi parlava di un frate, diceva che a lei l'aveva guarita all'istante dopo una benedizione ricevuta. Le dicevo che se voleva continuare a venire ogni tanto a trovarmi, non mi doveva parlare di Chiese, di preti, di Santi e di Miracoli altrimenti avrei aperto la porta e l'avrei sbattuta fuori casa. Quando invece ne parlava entusiasta nonostante io l'avessi pregato di non farlo, aprivo la porta e la cacciavo a male parole. Un giorno tornò nuovamente all'attacco, mi chiamò avvertendomi che questo sacerdote sarebbe stato in zona e mi supplicò di andare con lei alla celebrazione della Messa che si sarebbe tenuta in Cattedrale Le dissi di no, non convinta venne a casa e mi implorò di andare. Quel giorno feci la pazza, ricordo che piangendo disperatamente la riempii di insulti e parolacce, e cacciandola a male parole le sbattei la porta in faccia. Per più di un'ora rimasi a piangere disperatamente sul letto di un pianto disperato. Ma che volevano da me? All'inferno tutti...Qualche volta avevo sentito la parola "Misericordia di Dio", ma io non sapevo cosa fosse. Per me questo Dio che conoscevo, Lo paragonavo ad un killer spietato che condanna senza appello. Io mi sentivo così, condannata dal mondo tutto, da Gesù, da Dio, dalla Madonna e tutta la Chiesa. Inutile dire che la mia vita ebbe un cambiamento radicale, cominciai ad andare a Messa e a conoscere la Sua parola, il Suo Vangelo. Il giorno dell'Immacolata Concezione inviai un sms a questo sacerdote per ringraziarlo. Grazie a lui e alle sue preghiere per me, la mia vita fu completamente trasformata. A dicembre un'amica carissima che considero come una sorella minore, mi disse che sembravo come l'Araba Fenice, ossia donna rarissima che riesce a rinascere e risorgere dalle proprie ceneri. Sì, per me è stato proprio così. La Potenza e la Grandezza del Signore ha avvolto me ed i miei cari mandando su di noi le sue grazie e meraviglie. Tutti, dico tutti coloro che mi conoscono, non mi riconoscono più nella mia profonda trasformazione. Dalla mia bocca non esce più una bestemmia, con il cuore colmo di pace e stracolmo di amore. In me ora tutto è armonioso, con i miei modi di fare, di parlare e di agire. Ho ripreso pieno possesso delle mie emozioni, al pensiero segue l'azione, e delle mie capacità creative e dell'intelletto. A volte mi sento leggera come una farfalla e sembra che cammini sospesa da mezzo metro da terra, il mio volto è tornato a splendere, non più spento e disperato come una volta. Mi prendo cura della mia persona come non facevo da secoli. Signore, nei miei occhi ora c'è la Tua luce, perché Tu ora sei la mia vita e nella mia vita, dopo il mio incontro con Te ho divorziato dalla mia vita precedente. Hai fatto scendere su di me la potenza del tuo amore….

Signore grazie!!!!

Maria

LUCA scrive:

Quello che leggerete è tratto da un sogno che feci nell'inverno del 2012.

Ieri ho visto un uomo aveva occhi gonfi di lacrime
stava per terra accovacciato fissando le lastre della strada.
No non era un clochard e neppure un ribelle
Balbettava qualcosa non so che cosa
l'ho guardato ed il mio cuore si è fatto piccolo
piccolo a tal punto da non sentirne il battito
"Cosa ti è successo? "Gli ho detto
Non mi ha risposto
"Cosa ti è successo?" Gli ho ripetuto
Allora egli ha staccato lentamente gli occhi
dal punto ignoto che fissava
mi ha guardato ed i suoi occhi erano pregni di sangue
poi ha aperto le mani e mi ha detto
"Guarda le vedi queste non sono mai guarite"
Aveva segni (come piaghe) dai quali sgorgava sangue
"Come è accaduto?" Gli ho chiesto io
"Con l'amore" mi ha risposto lui
"Come con l'amore? L'amore non fa male? "
"A volte sì A volte dare amore costa più che odiare
perché odiare è facile ma amare
dare amore non è cosa da tutti!"
Dopodiché si è alzato mi ha sorriso e ha fatto per andarsene
"Aspetta, dove vai? Chi sei tu?"
Lui si è arrestato e si è voltato piano piano
"Io vado dove un cuore muore
dove un bambino ha smesso di giocare

vado ad abitare l'ennesima croce!"
"Ma allora tu... tu sei..."
"Sì... dillo…dillo pure…
io sono Egli, Colui che per amore è morto
e che per amore... morirà sempre..."
ed io ho pianto... non so quanto ho pianto...

Francesco Luca Santo

Testimonianze raccolte tramite Evento "IO L'HO INCONTRATO COSI'…"

su Facebook

"A molte testimonianze ho dato il mio contributo lavorandoci nella forma, nelle correzioni, ad alcune dando voce mi è stato chiesto di scriverle dall'inizio alla fine. Diversi nomi sono fittizi, altri nomi veri di battesimo, altri ancora con tanto di firma con nomi e cognomi.
Evento conclusosi il 31 Marzo 2013, in modo del tutto casuale caduto il giorno di Pasqua! La locandina link è stata condivisa in tantissimi gruppi. Queste sono testimonianze vere, ci si augura che ciò che avete trovato tra le righe, possa essere per qualcuno di voi, un punto di partenza...

Le Sacre Scritture recitano che San Paolo incontrò Gesù sulla via di Damasco, io L'ho incontrato una fredda mattina di Febbraio, percorrendo una strada piena di nebbia..."

Daniela Straccamore

Finito di stampare

Nel mese di dicembre 2013

Lulu Press

3101 Hillsborough St.

Raleigh, NC 27607 | U.S.A.

www.ingramcontent.com/pod-product-compliance
Ingram Content Group UK Ltd.
Pitfield, Milton Keynes, MK11 3LW, UK
UKHW020240250726
13967UKWH00001B/481